우즈베키스탄의 역사

우즈베키스탄의 역사

성동기(인하대 교수) | 지음

우물이 있는 집

1992년에 1년 동안 우즈베키스탄에서 러시아어 연수를 하고 부산의 어망회사에 입사해서 모스크바로 출장을 왔던 학과 선배를 1996년 5월에 우연히 만나지 않았다면 나와 우즈베키스탄의 인연은 없었을 것이다. 그는 우즈베키스탄을 비롯한 중앙아시아 국가들을 공부해보라고 나에게 권하였다. 1991년 소비에트연방의 붕괴 전후로 우후죽순처럼 국내의 주요 대학교에 러시아어과가 생겨났고 많은 학생들이 러시아 전문가가 되기 위해 공부하고 있었다. 그러나 국내에서 중앙아시아에 존재하는 카자흐스탄, 우즈베키스탄, 키르기스스탄, 타지키스탄, 투르크메니스탄에 관한 연구와 교육은 사실상 매우 부족했다. 위 국가들을 소개하는 책도 거의 없었다. 그런데 이러한 현상은 국내뿐만 아니라 해외에서도 비슷했다. 냉전체제로 인해 이 지역의 학문적 접근이 사실상 불가능했기 때문에 나타난 공통의 결과였다.

선배로부터 우즈베키스탄 이야기를 듣고 난 이후부터 무엇인가 보이지 않는 힘이 나를 우즈베키스탄으로 끌고 가는 것을 느꼈다. 모스크바에서 즉시 귀국하여 모교의 은사님께 중앙아시아 지역을 전공하고 싶다고 말씀드리고 자문을 구했다. 교수님께서는 앞으로 이 지역의 전문가가 필요하기 때문에 좋은 결정을 했다고 하시면서 우즈베키스탄에 가서 우즈베크어로 공부를 하고 역사학 학위를 받으라고 하셨다. 그해 9월에 선배의 도움으로 타슈켄트에 있는 언어센터에 입학하여 우즈베크어, 우즈베크 역사, 우즈베크 문학을 배우고 졸업시험을 무사히 치르고 1997년 6월에 우즈베키스탄 국립과학아카데미 역사연구소에 입학을 허락받았다.

2002년 9월 2학기부터 모교에서 강의를 시작하고 우즈베키스탄과 관련된 연구논문들을 발표하고 게재하였다. 1995년에 부산외국어대학교와 2004년에 한국외국어대학교에 중앙아시아 관련 학과가 개설되었고, 국가적으로 이 지역의 중요성이 매년 높아지면서 정신없이 교육과 연구를 하면서 19년을 보냈다. 현재 국내의 중앙아시아 연구와 교육 현황은 1996년과 비교하면 말할 수 없을 만큼 달라져 있다.

그러나 여전히 국내의 우즈베키스탄 연구와 교육은 어려움을 가지고 있다.

사실상 한국외대 중앙아시아학과에서 우즈베키스탄을 전문적으로 교육시키는 것을 제외하면 이 지역의 전문가를 양성하는 곳은 없다. 최근의 여러 글 속에서 실크로드 역사의 관점에서 과거 우즈베키스탄 지역의 역사가 연구되어 몇몇 문헌에 부분적으로 나타나고 있지만 근대와 현대의 우즈베키스탄 역사는 일반인들과 후학들에게는 거의 소개되지 않은 미지의 세계이다.

우즈베키스탄 지역에서 인류가 역사를 만들어 나가며 살기 시작한 이래로 2,500여 년 동안 이곳의 지배세력은 언제나 외부의 세력이었다. 이러한 독특한 역사는 매우 드물다. 그렇기 때문에 이것이 우즈베키스탄의 역사를 제대로 이해할 수 있는 핵심 열쇠가 된다.

본 책은 위와 같은 사실을 바탕으로 다음과 같은 목적을 가지고 집필되었다.

첫째, 영토사관의 관점에서 고대부터 현대까지 우즈베키스탄이라는 지역의 역사를 소개한다.

둘째, 민족의 관점에서 '우즈베크'라는 존재를 역사적으로 규명한다.

셋째, 2,500여 년의 우즈베키스탄 지역 역사가 가지는 특징을 분석한다.

넷째, 이러한 과정을 통해서 우즈베키스탄의 역사를 어떻게 이해해야 하는지 중요한 키를 제시한다.

필자는 그동안 주로 우즈베키스탄의 근현대사를 연구하였기 때문에 이 책을 다음과 같은 방식으로 집필하였다.

첫째, 고대와 중세사 부분은 우즈베키스탄의 독립(1991년) 이전에 발간된 『우즈베크소비에트사회주의공화국 역사 1권История Узбекская ССР』, 『우즈베키스탄 민중사История народов Узбекистана』와 독립 이후 발간된 『우즈베키스탄 민중사Ўзбекистон халк тарихи』를 1차 자료로, 『유목민족제국사(룩 콴텐 지음, 송기중 옮김)』와 『유라시아 유목제국사(르네 그루세 지음, 김호동·유원수·정재훈 공역)』에 나오는 우즈베키스탄 지역 부분이 2차 자료로 참조되어 집필되었다.

둘째, 근현대사 부분은 1991년 우즈베키스탄 독립 이후 현재까지 발간된 우즈베키스탄 현지 연구 논문들, 러시아의 러시아어 논문들, 영문 논문들, 국내 논문들이 참조되어 집필되었다.

셋째, 아미르 티무르 부분은 필자가 2010년에 발간했던 『아미르 티무르: 닫힌 중앙아시아를 열고 세계를 소통시키다』를 요약하여 집필하였다. 아미르 티무르에 대한 구체적인 내용을 더 알고 싶다면 위의 책을 참조해 줄 것을 부탁드린다.

이외에도 이 책의 집필에 활용된 기타 기준들은 다음과 같다.

첫째, 인명과 지명은 일차적으로 영문을 병기하였고, 영문이 없는 경우에는 러시아어로 병기하였다.

둘째, 인명과 지명의 한국어 전사는 국립국어원의 방침을 준수하였고, 이에 해당되지 않는 경우에는 인터넷 상에서 가장 많이 사용되는 단어를 선택하여 전사하였다.

셋째, 본 문헌에 나오는 많은 이미지 자료들은 필자가 직접 찍은 것과 인터넷상에서 사용이 허락된 것들로 저작권을 침해하지 않은 것들이다.

이 책의 목적은 시기적으로 나타났던 중요한 사건들을 바탕으로 우즈베키스탄의 통사를 소개하면서 이 지역의 역사가 갖는 핵심적인 특징을 제시하고 이것들이 현재의 우즈베키스탄에 어떻게 나타나고 있는지를 알리는데 있다. 이해하기 힘들었던 우즈베키스탄과 관련된 부분들이 이 책의 내용을 통해서 조금이나마 이해가 될 수 있기를 바란다.

마지막으로 연구자의 길로 들어설 수 있게 물심양면으로 지원해 주신 존경하는 부모님께 그리고 해병대 장교의 길을 준비하고 있는 장남과 대입 준비로 바쁜 쌍둥이와 언제나 부족한 나를 이해해주는 부인에게 감사의 말을 전한다.

2021년 여름 1221호 연구실에서

저자 성동기

차·례

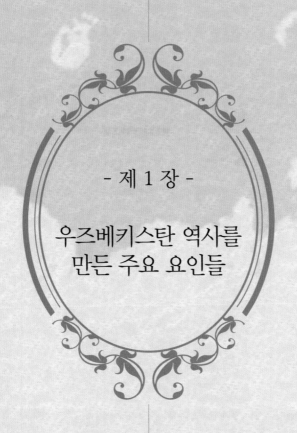

- 제 1 장 -

우즈베키스탄 역사를
만든 주요 요인들

1. 직선으로 그어진 국경선의 의미

한 나라의 역사를 알기 위해서는 우선 그들이 어떤 지역에서 살고 있는지를 아는 것이 중요하다. 그렇기 때문에 가장 먼저 그 지역의 지도를 살펴보는 것이 역사의 이해에 커다란 도움이 된다. 산악지역이 얼마나 되는지, 넓은 평야가 있는지, 강은 몇 개나 되는지, 어떤 국가들과 이웃하고 있는지 등을 지도에서 찾아봐야 한다. 이러한 지리적인 요소들은 특정 지역에서 한 나라의 역사가 어떤 식으로 진행되었는지를 가늠하게 해준다. 그런 의미에서 우선 우즈베키스탄과 그 주변의 지도를 한번 살펴보자.

우즈베키스탄과 그 주변 지역의 지도를 보면 한 가지 이상한 것을 발견할 수 있다. 지도상에 우스튜르트Ustyurt 고원과 아랄Aral해가 위치한 곳 주변의 국경선이 직선으로 그어져 있는 것을 볼 수 있다.

일반적으로 지도상에 나타나는 국경선은 꼬불꼬불한 곡선 모양이다. 왜냐하면 국경은 자연지리와 오랜 역사적 배경 등을 기준으로 그 지역에 사는 사람들의 상호 합의를 통해서 만들어지기 때문이다. 산맥이나 강이 말 그대로 직선으로 뻗어서 흐른다면 국경선이 직선이

• 중앙아시아 전도(좌), 우즈베키스탄 지도(우)

되겠지만 사실상 정확한 직선 모양의 국경선은 누군가가 자를 대고 지도 위에서 선을 곧게 그었기 때문에 나타난 것이다. 위 지도에서 유일하게 우즈베키스탄의 서쪽과 북쪽 일부 국경선이 직선이다. 누가 왜 그런 선을 임의로 그렸을까? 그리고 왜 그래야만 했을까? 사실 이런 직선의 국경선은 아프리카 지도에서 많이 볼 수 있다. 아프리카를 식민지로 지배하고자 했던 국가들이 서로 떡 자르듯이 국경을 잘라서 지배를 하였기 때문이다. 결국 직선의 국경선이 있는 우즈베키스탄은 바로 이 지역이 한때 식민지였다는 것을 나타낸다. 그리고 누군가의 식민지였다는 것은 그곳의 정권이 약해서 그곳을 정복하는 것이 쉽기 때문이기도 하지만 무엇보다도 그곳으로부터 커다란 수익이 창출될 수 있기 때문이다.

우즈베키스탄에 무엇이 있었기에 주변 국가들이 이곳을 식민지로 만들고 싶어 했을까? 우리는 그것을 네 가지로 나누어 살펴볼 수 있다. 그 네 가지는 우즈베키스탄이 수난의 시대를 살게 만들었지만 다른 한편으로는 한때 우즈베키스탄을 세계의 교통의 중심지로 만들기도 한 것이다. 그리고 지금도 여전히 세계 교역에 있어서 빼놓을 수 없는 기지 역할을 할 수 있게 만든 것이기도 하다. 한 마디로 이 네 가지는 우즈베키스탄의 현재의 역사를 만든 중요한 요인이다.

2. 첫 번째 역사 요인 – 기후

우즈베키스탄은 북위 37도에서 북위 45도에 위치하고 있다. 즉, 북위로만 봤을 때 북한의 위치와 매우 비슷하다. 따라서 우즈베키스탄의 날씨도 북한처럼 여름에는 많이 덥지 않으며 겨울에는 강추위가 있을 것이라고 예상할 수 있다. 하지만 우즈베키스탄의 여름은 40도가 넘고 겨울은 그렇게 춥지 않다.

인터넷에 들어가면 우즈베키스탄 기후와 관련된 정보를 쉽게 찾을 수 있다. 그러나 여름을 우즈베키스탄에서 하루라도 경험한 사람이라면 인터넷 상에서 제공되는 우즈베키스탄에 대한 기후정보가 대부분 잘못 되었음을 알게 된다. 잘못된 원천 자료가 인터넷에서 공유되고 확산되었기 때문이다. 우즈베키스탄 정부가 공식적으로 발표하는 여름 온도는 대부분 40도를 넘지 않는다. 왜냐하면 우즈베키스탄 노동법에 따라 기온이 40도 이상이 되면 노동자들은 업무를 거부할 권리를 가지고 있기 때문이다.[1] 우즈베키스탄 사람들은 6월 25일 혹은 27일부터 40일 동안을 '칠라'chilla라고 부른다. 이 기간에는 그들의 기온이 40도 이상이고 밤의 기온도 30도 이하로 떨어지지 않는다. 수치로만 보면 대부분 상상하기 힘든 여름이라고 생각할 것이다. 그러나 우즈베키스탄의 여름은 분명히 한국의 여름보다 훨씬 지내기가 좋다. 우즈베키스탄에서 여름을 지낸 사람들은 한국의 여름을 더 힘들어 한다. 왜 그럴까?

우즈베키스탄의 날씨는 고온건조하기 때문이다.

40도가 넘는 건조한 우즈베키스탄의 여름은 30도의 습한 한국의 여름보다 지내기가 좋다. 우즈베키스탄에는 에어컨을 설치하지 않은 자동차들이 아직도 많이 다닌다. 한국에서 30도가 넘는 여름에 에어컨 없는 자동차에 누가 타려고 하겠는가? 그러나 우즈베키스탄에서는 40도가 넘는 여름에 에어컨 없는 차를 타더라도 크게 문제가 되지 않는다. 한국에서 여름에 에어컨이 필요한 것은 더워서가 아니라 습하기 때문이다. 습함을 없애는 것이 에어컨의 첫 번째 역할이다. 우즈베키스탄에서는 습함이 거의 없다.

겨울도 마찬가지이다. 건조한 추위와 습한 추위는 체감 온도를 다

---

1) 노동법 제138조 '척박하고 열악한 자연-기후 조건에서의 근로에 대한 연차추가휴가'에서 척박하고 '열악한 자연-기후 조건을 가진 지역 목록 및 최저 연간 추가 휴가기간은 우즈베키스탄공화국 정부가 정한다'라고 명시되어 있다. 그리고 제219조에는 '직원은 불리한 상황이 존재하는 한 자신의 생명이나 건강을 위협하는 업무 수행을 거부할 권리가 있다'라고 명시되어 있다. 일반적으로 여름에는 기온 40도가 그 기준이다.(https://nuz.uz/obschestvo/14423-ministerstvo-truda-uzbekistana-razya snilo-normy-i-usloviya-raboty-v-zharu.html(검색일: 2021.07.01.))

르게 느끼게 한다. 모스크바의 겨울 추위는 상상만 해도 몸을 떨게 한다. 그러나 실제로 체감 추위는 서울의 추위와 비슷하다. 오히려 모스크바 사람들이 겨울에 서울에 와서 춥다고 한다.

그 이유는 한국의 추위 속에 습함이 존재하기 때문이다.

우즈베키스탄의 겨울로 마찬가지이다. 수치상으로는 한국보다 기온이 낮아도 체감 추위는 한국과 별 다를 바가 없다. 오히려 기온이 한국보다 더 낮음에도 불구하고 우즈베키스탄의 겨울이 그렇게 춥지 않다고 느껴진다.

우즈베키스탄은 왜 고온 건조한 기후를 가지고 있을까?

우즈베키스탄이 고온 건조한 기후를 가지게 된 것은 인도양과 힌두쿠시산맥 때문이다. 여름에 인도양의 남서계절풍(몬순)이 5월말부터 대륙인 인도북부를 타고 올라오다가 아프가니스탄과 파키스탄을 나누어주는 힌두쿠시산맥을 만나게 된다. 여기서 바람이 산맥을 타고 올라가면서 비를 내리고 산을 넘고 난 후에는 고온 건조한 바람이 되어 아프가니스탄, 투르크메니스탄, 우즈베키스탄으로 내려가 대지를 뜨겁게 한다. 일종의 푄Föhn현상이라고 생각하면 된다.

지도를 보면 우즈베키스탄보다 위도가 낮은 투르크메니스탄, 아프가니스탄은 반사막화되어 사실상 경작하기가 어렵다. 실제로 지도상의 색깔도 사막을 나타내는 갈색이다. 그리고 우즈베키스탄보다 위도가 높은 카자흐스탄은 위도상 만주에 해당되는 지역이기 때문에 겨울

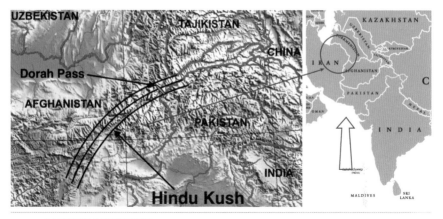

• 남서계절풍과 힌두쿠시산맥

이 길고 추워서 다양한 농산물을 경작하기가 힘들다.

결과적으로 우즈베키스탄이 이 지역에서 주변의 어떤 지역보다 농사를 짓고 살아가는데 가장 좋은 기후를 가지고 있다. 이것이 우즈베키스탄의 역사를 만든 첫 번째 요인이다.

3. 두 번째 역사 요인 - 시르다리야와 아무다리야

우즈베키스탄과 관련된 자연지리는 다음과 같이 정리할 수 있다.

첫째, 중앙아시아와 중국의 자연적 국경을 만드는 천산산맥이 카자흐스탄, 키르기스스탄, 타지키스탄의 파미르 고원까지 남북 2,800km로 길게 뻗어 있으며, 이 천산산맥은 우즈베키스탄 동부에도 일부가

걸쳐져 있다.[2]

둘째, 천산산맥의 눈은 중앙아시아 지역의 중요한 수원(水源)이 된다. 겨울동안 천산산맥에 쌓였던 눈이 봄이 되면서 녹아 서쪽으로 흘러서 아랄해까지 가는 아무다리야Amudariya와 시르다리야Syrdariya 두 강을 만든다.[3] 우즈베키스탄의 동서를 관통하는 아무다리야와 시르다리야는 우즈베키스탄에서 농작물이 자랄 수 있는 조건을 만들어 준다.

반면에 중동과 이란 대부분의 영토는 사막과 황무지로 덮여 있어서 사람들이 살기에 척박한 곳이다. 이곳에 살았던 사람들은 지금의 우즈베키스탄 지역을 트랜스옥시아나Transoxiana라고 불렀다. 번역하면 '옥서스Oxus강 건너에 있는 땅'이 된다. 옥서스강은 지금의 아무다리야를 의미한다.

즉, 이들은 천산산맥에서 발원하여 지금의 우즈베키스탄 남쪽과 국경을 마주하고 있는 아프가니스탄과 투르크메니스탄 사이를 가로질러 아랄해로 흘러들어가는 총길이 2,620km의 세계에서 34번째로 긴 강인 아무다리야가 있는 지금의 우즈베키스탄 동부 지역에 농사 짓기 좋은 옥토, 꿀과 젖이 흐르는 땅이 있다고 믿었다.

우즈베키스탄이 비옥한 토양을 가질 수 있게 만들어준 또 다른 강

---

2) 천산산맥의 어원은 천국이라고 알려져 있으며, 최고봉은 키르기스스탄에 있는 7,439m의 젱이수 초쿠수(Jengish Chokusu, 소비에트연방에서는 승리봉(Victory Peak)으로 불렸다)이며, 다음으로 높은 산은 키르기스스탄과 카자흐스탄 국경에 위치한 7,010m의 한 텡그린(Khan Tengri, 천국의 왕이라는 의미)이다.

3) 아무다리야에서 다리야(dariya)는 우즈베크어로 다르요(Daryo)로 발음되며 강을 뜻한다. 따라서 정확히 번역하면 아무강이 된다. 이에 필자는 다리야가 붙은 강 이름은 아무다리야와 같이 칭한다. 독자들은 다리야가 강을 뜻함을 이해하기 바란다.

• 우즈베키스탄과 아프가니스탄 국경을 흐르는 아무다리야

인 시르다리야도 마찬가지로 천산산맥에서 발원하지만 우즈베키스탄
과 북쪽의 국경을 마주하고 있는 카자흐스탄 사이를 가로질러 아랄해
로 흘러들어가는 총 길이 3,078km의 세계 23번째로 긴 강이다.

우즈베키스탄은 이와 같이 아무다리야와 시르다리야라는 거대한
두 강 사이에 존재하고 있다. 아무다리야는 수르한다리야Shurkhandariya
와 자라프샨Zaravshan강을 그리고 시르다리야는 나룬Naryn강과 카라다
리야Karadariya를 지류로 가지고 있다.

이들 강들은 우즈베키스탄 영토 전역에 골고루 퍼져 있어서 대부분
의 지역에서 강을 사용한 농사가 가능하였다. 따라서 중동과 이란 사
람들은 이곳을 사람이 살기에 좋은 조건을 갖춘 지역이라고 생각하였
다. 그리고 이것이 바로 우즈베키스탄의 사연 많은 역사를 만든 두

• 시르다리야

번째 요인이다. 축복받은 이 지역의 기후와 지리 때문에 동시대 강대
국들은 이곳을 차지하고 싶어 했고 그곳을 떠나려고 하지 않았다.

4. 세 번째 역사 요인 – 목화

5월부터 10월까지 거의 비가 내리지 않는 고온 건조한 기후를 가
지고 있으면서 동시에 풍부한 수량을 가진 지역에서만 재배가 가능한
작물이 목화이다.

우즈베키스탄은 목화를 재배하는데 최상의 기후와 지리를 가지고 있다.

1861년에 미국에서 남북전쟁이 시작되었다. 당시 전 세계 목화공
급의 상당 부분을 차지했던 미국 남부에서 목화가 재배되지 못하게

되자 대체 지역으로 우즈베키스탄이 새로운 목화 공급지로 주목을 받았다. 19세기말에 대영제국은 우즈베키스탄의 목화를 구하려고 많은 노력을 하였다. 소비에트연방 정부는 이러한 우즈베키스탄의 유용성에 주목을 하였고, 우즈베키스탄에 있던 대부분의 농토를 목화밭으로 바꾸었다. 그리고 이곳에서 생산되는 목화는 전체 소비에트 시민들의 옷을 만드는데 사용이 되었다.

우즈베키스탄을 상징하는 작물은 목화이다.

그러나 천산산맥에서 흘러내리는 수량이 아무리 풍부하다고 하더라도 그 양에 한계가 있는 법이다. 매년 5월부터 10월까지 어마어마하게 조성된 목화밭으로 물을 끌어다 사용하면서 아무다리야와 시르다리야의 수량이 급격히 줄어들었다. 수십 년 동안 반복되는 이러한 과정을 통해서 아무다리야과 시르다리야의 하류로 흘러 들어가는 물의 양이 급격하게 줄게 되었고 급기야 아랄해의 수량이 고갈되기 시

• 우즈베키스탄 목화밭, 우즈베키스탄 참외(Qovun, Дыня)

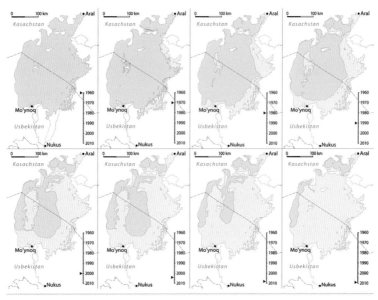

• 아랄해 고갈

작하였다. 아랄해의 보존을 위한 노력이 필요하다.

시르다리야와 아무다리야로부터 물을 공급받고 고온 건조한 기후
에 강렬한 햇살을 받은 우즈베키스탄의 과일들은 당도가 매우 높아서
맛이 좋을 수밖에 없다.

체리, 포도, 수박, 참외, 복숭아

이 과일들은 뜨거운 태양 아래에서 실크로드를 지나가던 카라반들
에게 여정의 피곤함을 달래주었다.

• 우즈베키스탄 국장(國章)

- 상단에 이슬람을 상징하는 "The Rub el Hizb"로 초승달과 별이 그려져 있다.
- 중앙의 새는 페르시아의 신화에 나타나는 쿰모khumo로 자유와 행복을 상징한다.
- 날개 좌우로 각각 우즈베키스탄의 대표 농산물인 목화와 밀이 있으며, 그 사이에 두 줄로 국기를 상징하는 삼색기가 그려져 있다.
- 새 뒤로 두 개의 강이 보이는데, 시르다리야와 아무다리야를 의미한다.

5. 네 번째 역사 요인 – 실크로드의 휴식처와 교차로

우즈베키스탄은 실크로드에서 두 가지 중요한 기능을 담당하였다.

첫째, 실크로드의 휴식처. 중국에서 출발한 대상들이 인도, 이란, 중동, 유럽으로 가기 위해서 또는 반대로 인도, 이란, 중동, 유럽에서 출발한 대상들이 중국으로 가기 위해서는 반드시 우즈베키스탄에서 여

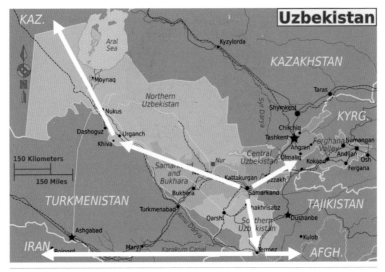

• 실크로드의 교차로 우즈베키스탄

장을 풀고 쉬어가야만 했다. 중국에서 천산산맥을 넘어 피곤한 몸을 쉬게 해야만 했고 반대로 우즈베키스탄에서 휴식을 취해야만 천산산 맥을 넘어갈 수 있었기 때문이다.

둘째, 실크로드의 교차로. 중국에서 천산산맥을 넘어 인도로, 이란 으로, 중동으로, 유럽으로 가기 위해서는 반드시 우즈베키스탄의 사마 르칸트를 지나야만 했다. 사마르칸트에서 서쪽으로 가면 히바Khiva가 나오는데 그곳에서 러시아로 올라갈 수 있었다. 그리고 사마르칸트에 서 남쪽으로 내려가면 테르메즈Termez가 나온다. 그곳에서 두 개의 갈 림길이 시작되는데 한쪽은 인도로 다른 한쪽은 이란-중동-유럽으로 연결되었다.

우즈베키스탄은 실크로드 상인들을 위한 휴식처이자 교차로였기 때문에 이곳에는 언제나 아시아와 유럽의 실크로드 상인들로 붐볐던 곳이었다. 여기서 상인들은 상호 간에 정보와 물건들을 거래할 수 있었다.

위의 그림에서 나타나는 것처럼, 지금의 우즈베키스탄은 실크로드의 중앙에 위치하기 때문에 고대부터 근대까지 유라시아 대륙의 인류(人流)와 물류(物流)의 허브 역할을 담당하였다. 이러한 기능을 통해 조로아스터교, 기독교, 불교, 이슬람 등과 같은 동서양의 문명이 유라시아 대륙으로 확산되고 발전되어 나갔다. 그러나 실크로드는 우즈베키스탄에 불행한 역사를 가져다주었다.

실크로드의 휴식처와 교차로는
언제나 동시대의 강대국들이 차지하고 싶어 했던 곳이었다.

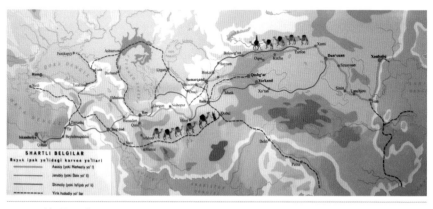

• 실크로드 지도

서쪽에서 보면 중국으로 넘어가는 천산산맥까지는 최소한 차지해야만 교역에서의 이익과 안전이 더 많이 보장될 수 있었다. 그리고 동쪽에서도 마찬가지였다. 천산을 넘어 인도-이란-중동-유럽으로 가는 교차로인 우즈베키스탄까지 최소한 차지해야만 이익과 안전이 더 많이 보장될 수 있었다.

바로 이러한 이유 때문에 동서양 주변 강대국들이 지금의 우즈베키스탄을 향해 끊임없는 침략과 지배를 시도하였다. 그리고 그것들은 바로 우즈베키스탄의 역사가 되었다.

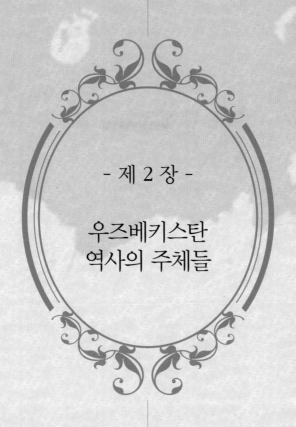

- 제 2 장 -

우즈베키스탄
역사의 주체들

1. 현재 우즈베키스탄 인구에 관한 정확한 통계의 부재

앞 장에서 우리는 우즈베키스탄의 역사를 만든 4가지 요인을 살펴보았다. 그럼 이제 누가 우즈베키스탄의 역사를 만들었는지, 즉 우즈베키스탄의 역사의 주체가 누구인지 알아보자. 대한민국의 역사를 이야기할 때 우리는 한(韓)민족의 역사를 이야기한다. 한민족을 뺀 대한민국의 역사는 없기 때문이다. 마찬가지로 우즈베키스탄의 역사가 우즈베크족(Uzbek族)의 역사라고 말하는 사람들이 있다. 당연히 지금 우즈베키스탄에 살고 있는 우즈베크족은 그렇게 말한다. 그러나 그렇지 않다. 도대체 우즈베키스탄이라는 땅에서는 어떤 일이 일어났길래 그렇지 않은지 알아보자.

UN, UNESCO와 같은 국제기구들 그리고 미국의 CIA와 같은 기관들이 제공하고 있는 우즈베키스탄의 인구 통계가 모두 제각각인 것을 우리는 볼 수 있다. 그 이유는 당사국인 우즈베키스탄이 1991년 독립 이후 현재까지 국가 차원의 인구조사를 공식적으로 실시한 적이 없기 때문이다.

우즈베키스탄 정부 역시 자국의 통계청을 통해서 인구와 관련된 기본적인 통계자료들을 공개하고 있다. 그러나 국가 차원의 인구조사를 바탕으로 하지 않았기 때문에 이 자료들을 충분히 신뢰하기 힘들다. 그럼에도 불구하고 2017년 우즈베키스탄 통계청 자료에 의하면 2013년 조사에 의하면 우즈베키스탄의 인구는 29,993,500명이었다[4] 고 한다. 그리고 2015년 쯔이랴프키나Ю. Н. Цыряпкина의 논문 자료에 의하면, 2013년도에 우즈베크족이 우즈베키스탄 전체 인구에서 차지하는 비중은 82%였다.[5]

우즈베키스탄 통계청이 공개하고 있는 자국의 인구 통계와 UN과 UNESCO와 같은 국제기구가 발표하는 통계는 차이를 보이고 있다. 예를 들면, 2017년에 UNESCO가 발표한 2015년도 우즈베키스탄 전체 인구는 29,893,000명이었는데,[6] 반면에 우즈베키스탄 통계청 자료는 31,022,500명이었다. 양측의 통계 차이는 무려 1,159,500명에 달한다. 그리고 2017년에 UN이 발표한 2016년 우즈베키스탄 인구는 30,300,000명이었는데,[7] 우즈베키스탄 통계청 자료는 31,575,300명이었다. 그 차이는 1,275,300명이다.

우즈베키스탄 통계청과 국제기구의 통계 자료는 매년 1백만 명 정도의 차이가 나타나는 것으로 이해할 수 있다. 어떤 통계 자료가 정

---

4) https://stat.uz/ru/otkrytye-dannye/demografiya/158-otkrytye-dannye/2255-chislennost-postoyannogonaseleniya2(검색일: 2021.07.01.)

5) 그녀는 우즈베키스탄 통계청 자료를 통해서 이 수치를 자신의 논문에 소개하였다. 그러나 일반적으로 우즈베키스탄 통계청 홈페이지에는 민족별 통계가 공개되지 않고 있다. 만약에 이러한 자료가 필요하다면 돈을 주고 구입해야 한다.

6) http://uis.unesco.org/country/UZ(검색일: 2021.07.01.)

7) http://data.un.org/CountryProfile.aspx?crName=UZBEKISTAN(검색일: 2021.07.01.)

확한지는 알 수 없다. 우리는 그 대충의 수만 알 수 있을 뿐이다.

소비에트연방 정부가 공식적으로 실시한 인구조사에서 민족별 통계는 기본적으로 소비에트연방 국민의 여권에 명시된 '나찌오날노스찌національность(=민족)'를 기반으로 했는데, 이는 영어의 'nationality'에 해당된다. 우즈베키스탄 역시 독립 이후에 자국의 민족별 통계를 여권에 명시된 '밀라티millati'를 바탕으로 했을 것인데, 이 단어 역시 'nationality'의 의미이다.

실제로 우즈베키스탄은 120여 민족으로 구성되어 있다. 따라서 민족별 구성과 그들의 인구수는 상당히 중요한 통계이다. 그러나 다음과 같은 사실을 안다면, 우즈베키스탄의 민족별 통계를 신뢰하기 힘들다.

우즈베키스탄에서는 16세가 되면 여권이 발급되는데,
당사자는 이곳에 자신의 민족Nationality을 선택해서 적을 수 있다.

만약에 부모가 서로 다른 민족일 경우에 당사자는 자신의 선택에 의해서 여권에 민족을 선택해서 기재할 수 있지만, 일반적으로 우즈베키스탄의 관례에 따르면, 당사자는 부계 민족을 선택한다. 따라서 우즈베크족nationality이 우즈베키스탄 전체 인구의 82%를 차지한다는 통계는 법적인 수치일 뿐이지, 한민족과 같은 혈연적, 종족적ethnic 의미를 갖는 수치는 아니다.

과거 소비에트연방 정부가 우즈베크소비에트사회주의공화국Uzbek Soviet Socialist Republic, Uzbek SSR을 대상으로 실시했던 인구조사에 의하면,

우즈베크족이 차지했던 비중은 1939년에 65.1%(4,804,096명), 1959년에 62.2%(5,038,273명), 1970년에 64.7%(7,733,541명), 1979년에 68.7%(10,569,007명), 1989년에 71.4%(14,142,475명)으로 나타났다. 1939년 이후 50년이 지난 1989년에 우즈베크족의 인구는 9,338,379명이 증가하였으며 비중은 6.3% 증가에 그쳤다.

• 우즈베키스탄 여권

반면에 우즈베키스탄 통계청 자료에 근거하면, 1989년에서 24년이 지난 2013년에 우즈베크족은 24,594,670명으로 10,452,195명이 증가하였으며, 비중은 10.6% 증가하였다. 우즈베키스탄이 독립하면서 러시아인을 비롯한 소수민족들이 본국이나 해외로 이주하였기 때문에 우즈베크족의 비중이 높아졌다고는 하지만 24년 동안 우즈베크족의 인구수가 10,452,195명 증가했다는 것은 이해하기 힘든 부분이다.

따라서 이것이 독립 이후 본국으로 귀환한 우즈베크족과 여권에 민족 기재 방식으로 인해서 증가한 법적인 수치를 포함한 것인지 아니면 순수한 자연 출산율만을 바탕으로 하는 것인지 세부적인 분석이 필요하다. 이를 위해서는 무엇보다 우즈베키스탄 정부가 공식적으로 인구조사를 실시해야만 한다.

2. 우즈베키스탄 내 우즈베크족의 점유율에 관한 논쟁

우즈베크족의 기원을 역사적 사실에서 살펴보면, 지금 우즈베키스탄에서 우즈베크족이 전체 인구의 82%를 차지한다는 수치는 더욱 이해할 수 없게 된다.

'우즈베크'라고 불린 사람이 처음 역사문헌에 나타난 것은 1335년이다.

게다가 이들은 현재의 우즈베키스탄 영토가 아닌 러시아 남부 대평원과 카자흐스탄 북부 초원에서 살았다. 따라서 이들이 지금 우즈베키스탄에 살고 있는 우즈베크족과 직접적인 연관성을 가지고 있는지에 대해서는 명확한 학설이 없다. 그러나 16세기 초에 칭기즈칸의 직계후손인 샤이바니칸Shaybani Khan(1415~1510)이 아랄해 북쪽에서 지금의 우즈베키스탄으로 남하하여 이곳을 지배했을 때, 그를 따라왔던 무리를 '우즈베크'라고 했는데, 이들은 지금의 우즈베크족과 어느 정도 연관성이 있다고 보고 있다. 왜냐하면 그들은 그때 이후로 우즈베키스탄에 정착해서 살기 시작했기 때문이다.

문제는 지금의 우즈베키스탄으로 남하하여 이곳을 지배하고 정착하기 시작한 '우즈베크'라고 불리는 사람들이 현재 우즈베키스탄 전체 인구의 82% 이상을 차지하는 우즈베크족을 만들었느냐 하는 것이다.

16세기 초에 지금의 우즈베키스탄 지역으로 남하한 우즈베크는 군사력의 우위를 바탕으로 이 지역을 지배했던 소수의 집단이었으며,

그 당시에 이미 우즈베크와는 다른 집단들이 이 지역 인구의 다수를 차지했을 것으로 추정되고 있다.

• 샤이바니칸

유감스럽게도 지금의 우즈베키스탄으로 남하했던 우즈베크의 인구수가 얼마인지를 알려주는 역사적 문헌은 없다. 그러나 우즈베크가 지금의 우즈베키스탄에서 소수의 집단이었음을 알려주는 역사적 사실은 발견할 수 있다.

예를 들면, 1937년 우즈베크소비에트사회주의공화국의 공산당 당비서 아크말 이크라모프Akmal Ikramov는 소비에트 민족주의 정책 달성을 축하하는 자리에서 1924년도 당시에 민족결합이 얼마나 어려웠는지 증언하였다.

> '우즈베크 대중은 자신들을 하나의 민족성으로 인정하지 않는다. 페르가나 우즈베크인들은 일반적으로 코칸디스트Kokandist 라고 불린다. 그리고 자라프샨Zarafshan, 카시카다리아Kashkadariya, 수르한다리아Surkhandariya 사람들은 자신을 우즈베크인the Uzbeks 이라고 인정하지 않는다.'[8]

---

8) Carlisle, Donald. "Soviet Uzbekistan: State and Nation in Historical Perspective" in *Central Asia' in Historical Perspective*, eds. Beatrice F. Manz (Boulder, Colo.: Westview Press. 1994). pp.115.

• 우즈베키스탄 행정지도

　위 문장에서 자신을 우즈베크인이라고 인정하지 않는다고 말한 자들이 거주하고 있었던 지역들은 지금 우즈베키스탄 영토의 82%에 해당한다.[9]

　다시 말하면, 우즈베크를 자신의 민족으로 인정하는 사람이 20세기 초에 사실상 지금 우즈베키스탄 영토의 18%에서만 살았던 자들이다. 그렇다면 다음과 같은 문제제기를 할 수 있다.

　어떻게 80여년 뒤인 현재 시점에서 우즈베키스탄의 전체 인구에서 우즈베크족이 82% 이상을 차지할 수 있게 되었는가? 그리고 자신을

---

9) 현재 우즈베키스탄의 총 면적은 448,978㎢인데, 여기서 우즈베크와 다른 민족에 속하는 카라칼팍(karalpak)이 거주하는 자치공화국인 카라칼팍스탄(Karakalpakstan)의 면적 160,000㎢ 제외하면 288,978㎢가 나온다. 아크말 이크라모프가 언급한 자라프샨(Zarafshan)에 속하는 곳은 지금의 니보이주(Navoiy, 110,800㎢), 사마르칸트주(Samarkand, 16,400㎢), 부하라주 (Bukhara, 39,400㎢), 지작주(Jizzakh, 20,500㎢)인데, 여기에 카시카다리야주(28,400㎢)와 수르한다리야주(20,800㎢)를 합치면 총 면적이 236,300㎢된다. 따라서 자신을 우즈베크라고 인정하지 않는 지역의 면적을 82%로 계산할 수 있다.

우즈베크족이라고 말하는 사람들은 어떤 개념의 민족적 정의에 해당하는 자들인가?

3. '우즈베크'라고 불린 사람들의 역사적 기원

현재까지 알려진 정설에 의하면, 역사적으로 '우즈베크'라고 불린 사람들을 최초로 기록한 역사학자는 일칸국Ilkhanate(1256~1335) 시기에 지금의 이란 지역에서 활동했던 저명한 페르시아 역사학자 함달라흐 카즈비니Hamdallah Qazvini(1281/1282~1344/1350)였다.

함달라흐 카즈비니는 나이 40세가 되던 해인 1321년 혹은 1322년부터 1330년까지 8년 동안 중동, 페르시아, 중앙아시아 지역의 이슬람권 역사를 연대기 형식으로 서문, 6개의 장, 결론으로 구성된 『타르히 구즈다Tarikh-i guzida』를 저술하였다. 그리고 1344년까지 역사적 사건들을 추가로 기록하였다.

'선택되어진 역사'라는 의미를 갖는 『타르히 구즈다』는 몽골제국의 중동과 중앙아시아 지배시기를 잘 묘사하였기 때문에 역사학적으로 큰 의미를 가지는 문헌이다. 주지하는 바와 같이, 당시에 이 지역을 통치했던 몽골인은 유목민이었기 때문에 자신들의 역사를 스스로 문헌상에 기록하지 않았다. 따라서 함달라흐 카즈비니와 같은 페르시아 역사학자들이 서술한 당시의 역사적 내용들을 통해서만 이들의 역사와 당시의 상황을 이해할 수 있다.

함달라흐 카즈비니가 기록한 '우즈베크'를 김호동은 다음과 같이
분석하였다.

'우즈베크'라는 말이 집단의 명칭으로 처음 등장한 것은 아마
함달라흐 카즈비니Hamdallah Qazvini가 저술한 『타르히 구즈다
Tarikh-i guzida』라는 책에서 우즈베크칸의 치세중인 회력 736년
(서기 1335년) 겨울 이란의 일칸국 영내를 침입한 킵차크칸국
의 군대에 관해서 설명하면서 '우즈베크인들'uzbkiyân 혹은 '우
즈베크의 나라'mamlakat-i Uzbek라는 표현을 사용한 것이 아닐까
싶다.[10] 여기서 '우즈베크인들'이라는 표현을 반드시 새로운
민족 집단의 명칭으로 볼 필요는 없다. 이 말은 문맥상으로
보아 '우즈베크칸을 추종하는 사람들' 혹은 '우즈베크칸의 지
배를 받는 사람들'이라는 정도의 의미로도 해석할 수 있으며,
'우즈베크의 나라'와 같은 표현도 우즈베크 '민족'(혹은 '집단')
의 국가라기보다는 차라리 우즈베크칸의 지배하에 있는 지역
이라는 의미로 받아들이는 편이 더 정확할 것이다. 이처럼 군
주의 이름을 이용하여 지역이나 주민을 표현하는 경우가 비단
우즈베크에게만 국한된 것이 아님은 다쉬트 이 킵차크Dashit-i
Kipchak를 다쉬트 이 베르케Dashit-i Berke라고도 부르고 있는 예

---

10) 김호동은 카자흐, 우즈베크, 키르기스에 대해 민족이라는 표현 대신 집단이라는 용어를 사용
하였다. 이유는 이들의 출현당시에 그 명칭이 '민족적'인 의미보다는 여전히 '정치적 귀속'의 한 지
표로 보았기 때문이다.

우즈베키스탄의 역사

에서도 알 수 있다.[11]

　1335년이라는 연도로 볼 때, 함달라흐 카즈비니가 1344년까지 역사적 사건을 추가로 기록하던 시기에 우즈베크에 관한 내용이 서술된 것으로 이해된다.

　역사적으로 몽골제국이 유라시아 대륙에 세웠던 세 개의 칸국 명칭은 국가명과 건국자의 이름을 딴 명칭이 함께 사용되었다. 러시아 일대를 지배하였던 킵차크칸국은 칭기즈칸의 장남이었던 조치Jochi의 이름을 따서 조치 울루스Ulus of Jochi, 중동과 이란 일대를 지배했던 일칸국은 칭기즈칸의 손자였던 훌레구의 이름을 따서 훌레구 울루스Ulus of Hulegu, 중앙아시아를 지배했던 차가타이칸국은 칭기즈칸의 두 번째 아들이었던 차가타이의 이름을 따서 차가타이 울루스Ulus of Chagatai라고 했다. 그리고 기본적으로 위의 세 칸국 시대에는 칸이 바뀌면 그 칸의 이름이 실질적인 그 국가의 명칭으로 외부 사람들에게 인식되고 그렇게 불렸다. 역사 문헌에서도 누구 칸의 국가라는 명칭이 더 많이 사용되었다. 따라서 김호동의 주장은 상당히 설득력이 있다.

　김호동의 위와 같은 주장은 제정러시아 시기의 저명한 역사학자인 바실리 바르톨드Vasily Bartold(1869~1930)의 연구에서도 나타난다. 우즈베크의 명칭은 우즈베크칸Uzbek Khan(1282~1341)에서 유래한다는 것이 이들의 공통된 주장이다. 그러나 위 두 학자는 이 당시의 우즈베

---

11) 김호동. 「15-16세기 중앙아시아 신유목집단(新遊牧集團)들의 동향: 전기(前期) 모굴한국(汗國)의 붕괴(崩壞)와 관련하여」『러시아연구』3. 1993. pp.98.

• 우즈베크칸(왼쪽)과 미하일 야로슬라프(오른쪽) 대공, 바실리 베레샤긴의 그림

크가 가지고 있었던 민족적 구성이나 그 정체성에 대해서는 언급하지 않았다.

그러나 이들의 주장과 달리, 소비에트연방 학계에서는 '우즈베크'라는 명칭의 역사적 유래를 투르크계 부족tribe인 다쉬트Дашт와 킵차크Кипчак가 900년에서 1220년까지 지금의 흑해 북서부에서부터 카자흐스탄의 동부 초원까지를 지배했던 연합국가confederation 형태인 다쉬트 이 킵차크Дашт-и-Кипчак에서 찾는다. 이 연합국가는 일반적으로 동부(알타이에서 카스피해까지)와 서부(카스피해에서 두나이강까지)로 두 개의 부분으로 나뉘는데 14세기 경에 동부지역에 존재했던 칭기즈칸의 손자들의 왕국인 시반칸Shiban khan과 올다칸Orda khan의 속령에 소속되었던 투르크 혹은 투르크화한 부족들에게서 찾았다.[12]

---

12) *История Узбекская ССР.* -Т. 1. Ташикент. 1967.

블라디미르 미노르스키Vladimir Minorsky로 대표되는 소비에트연방 역사학계는 우즈베크칸과 우즈베크와는 연관성이 없다고 주장했다. 특히 미노르스키는 13세기 초에도 아제르바이잔 지역에 'Uzbek'라는 이름을 갖는 인물이 있었기 때문에 우즈베크가 우즈베크칸과 연관성을 가진다고 보기는 어렵다고 강조하였다.[13)]

그는 백호르드White Horde가 아미르 티무르Amir Temur(1336~1405)에 의해서 패배하고 난 후 혼란기를 겪던 15세기 초에 이 지역에 나타났던 소규모의 독자적인 세력들 중 하나가 우즈베크라고 정의했다.[14)] 중앙아시아 역사에 정통한 미국의 역사학자 에드워드 올워쓰Edward Allworth도 소비에트연방 학계의 주장에 동의하였다.[15)]

반면 제정러시아와 소비에트연방 시기의 역사학자인 세묘노프A. Семёнов는 우즈베크의 명칭은 우즈베크칸과 연관성을 가지며, 이들은 투르크어를 사용하는 투르크-몽골로 종족적ethnic 정의를 내릴 수 있다고 했다.

이 문제와 직접적으로 연관성을 가지는 우즈베키스탄 역사학계의 주장은 상당히 중요하다. 우즈베키스탄에서 2002년에 발간된 『우즈베키스탄 민족 아틀라스Этнический атлас Узбекистана』에는 우즈베키스탄에 존재하는 모든 민족들의 유래와 인구수 등을 역사적 관점에서 분석하

---

13) Allworth, Edward. *The Modern Uzbeks: From the Fourteenth Century to the Present: A Cultural History* Stanford, CA: Hoover Institution Press, 1990

14) Бахрушина, С. В. и Непомпипа, В. Я. и Шишкина, В. Л. *История народов Узбекистана.* (Ташкент: Изд-во ЛН УзССР). -Т. 2. -С. 23. 1947.

15) Allworth, Edward. *The Modern Uzbeks: From the Fourteenth Century to the Present: A Cultural History* (Stanford, CA: Hoover Institution Press, 1990)

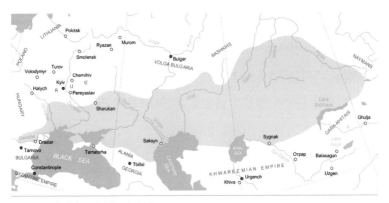

• 다쉬트 이 킵차크 지역 (노란 부분)

고 그 자료를 소개하고 있다. 그리고 우즈베크족에 대해서는 별도의
장을 두고 이와 관련된 많은 내용을 제공하고 있다.

따라서 이 책에 나오는 우즈베크족 부분의 내용은 우즈베키스탄 역
사학계의 주장을 대변한다고 볼 수 있다. 우즈베키스탄 역사학계는
위에서 언급했던 '우즈베크'와 우즈베크칸의 연관성을 제시하고 있지
만 독자적인 학설은 내놓고 있지 않은 채 다음과 같은 별도의 세 개
집단이 통합되어서 현재 우즈베키스탄의 우즈베크족을 이루었다고
주장하고 있다.[16)]

첫 번째 집단은 16세기 초에 중앙아시아로 이주한 다쉬트 이 킵차
크의 우즈베크 유목민을 말하며, 두 번째 집단은 차가타이와 오구즈
Oguz 투르크에 속하는 다양한 부족, 씨족들과 연관성을 가지는 투르크

---

16) Ильхамов, А. *Этнический атлас Узбекистана.* Институт Открытое Общество. 2002. -С. 270.

우즈베키스탄의 역사

화된 자들을 의미하며, 마지막으로 세 번째는 사르트Sart라고 불린 집단이다. 이들은 투르크어를 사용하고 투르크화된 타지크Tajik 정주민이었다.

우즈베키스탄 역사학계의 중요한 주장은 다음과 같다.

첫째, 통합의 관점에서 16세기 초에 중앙아시아로 남하했던 우즈베크와 현재의 우즈베크족을 연결시키려고 하고 있다. 15세기부터 아불하이르칸Abu'l-Khayr Khan(1412~1468)과 샤이바니칸Muhammad Shaybani Khan(1415~1510)이 다쉬트 이 킵차크를 통치할 때, 이 지역에 거주하던 무수한 부족과 씨족들은 우즈베크라고 불린 사람들과 통합되었다고 한다. 따라서 이 과정을 통해서 우즈베크라고 불린 사람들의 수가 증가했다는 것이다.[17]

둘째, 샤이바니칸이 우즈베크를 이끌고 지금의 우즈베키스탄을 침략하고 지배했을 때, 우즈베크는 이미 이곳에 존재하던 다양한 집단들과 다시 통합하여 더 규모가 커진 우즈베크로 성장하였다고 주장한다.[18]

셋째, 이를 증명하기 위해서 우즈베크에 통합되었던 부족의 명칭을 제시하고 있다. 19세기 중반에 32개의 부족이, 19세기 말과 20세기 초에 102개의 부족이 우즈베크에 통합되었다.

우즈베키스탄 학계는 15세기 초에 우즈베크가 1차로 다른 집단들을 통합하였으며, 16세기 초에 지금의 우즈베키스탄을 지배한 후에 2

---

17) 앞의 책 - C. 272.
18) 앞의 책 - C. 273.

차로 이곳의 다른 집단들을 통합하였다고 주장하고 있다.

이러한 주장에 대해서 다음과 같은 문제제기를 할 수 있다.

첫째, 16세기 당시의 우즈베크에 관해서 기록한 1차 사료들은 페르시아의 역사학자 카말 아딘 비나이Камал ад-Дин Бинаи의 「샤이바니나마Шайбани наме」, 무함마드 살리흐Мухаммад Салих의 「미흐만나마 부하라Михман наме-йи Бухара」, 파즐랄라흐 이븐 루즈베한Фазлаллах ибн Рузбехан의 「타르히 알라마라이 아미니Тарих-и аламара-йи Амини」, 자히르 아드딘 무하마드 바부르Захир-ад-дин Мухаммад Бабур(1483~1530)의 「바부르나마Бабур-наме」 등이 있다. 이러한 사료들에는 샤이바니칸의 행적과 우즈베크의 활동에 대해서만 기록했을 뿐이며, 우즈베크 중심의 통합과정에 대해서 서술한 내용이 없다.

둘째, 『우즈베키스탄 민족 아틀라스』에서도 이러한 통합의 구체적인 내용은 제시하지 않았다. 1차 통합과 관련해서는 소비에트연방 역사학자 이바노프Иванов, Павел Петрович(1893~1942)의 문헌을 인용하였는데, 이 문헌에서도 통합된 다른 집단들의 명칭만 제시하고 있다.[19] 2차 통합은 헝가리 출신의 중앙아시아 역사학자인 밤베리Vambery, Armin 혹은 Hermann(1832~1913)의 저서, 제정러시아의 역사학자인 이반 게이예르Иван Ильич Гейер(1860~1908)의 저서 그리고 재정러시아 군대의 총사령관이자 역사학자였던 드미트리 로고페트Дмитрий Николаевич Логофет(1865~1922)의 저서를 제시하고 있는데, 여기서도 통합된 다른

---

19) Иванов, П. П. Очерки но истории Средней Азии (XVI середина XIX в.). (М.: Изд-во восточной литературы), 1958. -С. 18.

집단들의 명칭만 제시하고 있다.[20] 우즈베크가 다수의 다른 집단들을 통합했다는 것은 당대에 혹은 이후에도 커다란 사건이기 때문에 누군 가에 의해서 구체적으로 기록될 가능성이 높다. 따라서 우즈베크에 의해서 통합된 부족이나 씨족의 명칭도 중요하지만, 더 중요한 것은 왜 그리고 어떻게 우즈베크를 중심으로 1, 2차 통합이 이루어졌느냐 하는 것이고, 이에 따른 다른 집단들의 저항은 없었는가 하는 점이다.

셋째, 샤이바니칸이 지금의 우즈베키스탄을 침략하러 왔을 때, 그가 이끌고 왔던 우즈베크가 얼마나 되었는지에 관해서 구체적인 수를 제 시하지 못하고 있다. 현재 우즈베키스탄에서 우즈베크족이 82%가 된 다는 통계를 믿을 수 있는 가장 중요한 자료가 과거 이들의 수인데 그것을 알 수 없으니 통계를 믿을 수 있는 근거가 매우 적다.

넷째, 우즈베키스탄 학계가 제시하고 있는 우즈베크를 중심으로 통 합된 다수의 부족들 그리고 씨족들의 수와 정체성에 대해서 투르크계 민족연구의 대가였던 투르크계 바쉬키르Башкир부족 출신의 제키 토간 Zeki Velidi Togan(1890~1970)의 문헌을 통해서 알 수 있다. 그는 우즈베 크에 통합되었던 부족은 92개로 알려져 있고, 그 중에서 부족의 명칭 에 따라 몽골계가 33개, 나머지는 투르크계 부족에 속하며, 92개의 부족 중에서 대략 45개 부족이 현재 우즈베키스탄에서 거주하고 있

20) Вамбери, Г. *Путешествие по Средней Азии*. СПб., -С. 171. 1865. Гейер, И. Туркестан. Ташкент, -С. 34. 1909. Масальский, В. И. *Туркестанский край* (*Под ред.* Семенова, П. П. Тян-Шанский, Ламанский, В. И.) СПб., -Т. 19. -С. 381. 1913. Логофет, Д. Н. *Бухарское ханство: под русским протекторатом*. СПб., -Т. 1. -С. 155-56. 1911.

다고 주장했다.[21] 우즈베키스탄 학계는 우즈베크를 중심으로 통합되었던 이들 집단의 민족정체성에 대해서 제키 토간과 달리 언급하지 않고 있다.

다섯째, 우즈베키스탄 학계가 주장하고 있는 이러한 내용에 대해서 현재 다른 국가의 대부분 학자들은 역사적 문헌이 부족하다는 이유로 연구를 못하고 있다.

> 우즈베키스탄 학계는 자신들의 주장을 뒷받침할만한
> 역사적 내용들을 구체적으로 제시하지 않고 있다.

실제로 앞에서 살펴보았듯이, 러시아, 소비에트연방 및 기타 국가의 역사학계는 정확한 역사적 사료에 근거해서 우즈베크의 명칭과 유래를 분석하였으며, 우즈베크의 역사적 존재에 대해서는 자신의 학설만을 내놓았다. 그리고 우즈베크를 언급한 모든 사료들에서는 1, 2차 통합에 관련된 다른 집단들의 명칭만 제시했을 뿐이지, 어느 누구도 우즈베크가 다수의 다른 집단들을 왜 그리고 어떻게 통합했는지를 기록하지 않았다. 그리고 무엇보다 중요한 것은 우즈베크가 우즈베크소비에트사회주의공화국의 우즈베크족을 만들었다고 소개한 문헌이 없다는 점이다.

우즈베키스탄 학계의 위와 같은 주장을 통해서 다음과 같은 사실을 명확히 이해할 수 있다.

---

21) Togan, Zeki Velidi. "The Origins of the Kazaks and the Uzbeks," in *Central Asia Reader: The Rediscovery of History*, eds. by Paksoy, H. Armonk, B. (New York: M. E. Sharpe, 1994).

첫째, 우즈베크칸과 연결이 된다고 추정하고 있는 우즈베크라고 불린 사람들은 혈연적, 부족적 관점의 집단이 아닌 것으로 이해된다. 왜냐하면 어떤 집단적 정체성을 가지고 있는지는 명확히 모르겠으나, 대부분의 학자들이 공통적으로 우즈베크가 투르크화된 혹은 투르크-몽골이라는 집단으로 구성되었다고 주장하고 있기 때문이다.

둘째, 우즈베크 중심으로 다수의 집단들이 1, 2차 통합되었다는 우즈베키스탄 학계의 주장 자체만 보아도 이들이 혈연적, 종족적 관점의 집단이 아닌 것은 분명하다.

4. 과거 '우즈베크'와 현재 우즈베크족의 연관성

우즈베키스탄 학계는 과거 역사 속에서 나타난 우즈베크를 통합의 관점에서 현재의 우즈베크족과 동일한 존재라고 주장하고 있다. 그러나 문제는 그 인구수에 있다. 두 차례에 걸쳐서 통합된 우즈베크가 수적으로 증가는 했겠지만, 그 수가 지금의 82% 우즈베크족을 만들었다고 판단하기 힘들다. 이러한 추측이 가능한 것은 16세기 초에 우즈베크가 지금의 우즈베키스탄으로 남하하기 이전에 이곳에서 어떻게 집단들이 형성되었는지를 살펴보는데서 찾을 수 있다.

중앙아시아에서 처음으로 형성된 초기국가는 호레즘Khorezm, 소그드Sogd, 그리고 박트리아Bactria로 알려져 있으며, 이들 국가들을 구성한 사람들을 국가의 명칭에 따라 호레즘, 소그드 그리고 박트리아라고 불렸다.[22] 이후 이 지역은 동시대 동서양의 이질적인 민족들의 지속적인 침략과 지배를 받아왔다.

서양의 대표적인 민족은 알렉산더 대왕의 그리스인이다. 그는 정복한 지역에 그리스인을 이주시켜 헬레니즘 문화를 이식시키고자 했으며 그리스 식민지 정부는 200여 년에 걸쳐 중앙아시아 지역을 통치하였다. 이들은 이 지역에 혈연적 동화과정을 야기했으며, 문화에도 영향을 주었다.

동양의 대표적인 집단으로 페르시아계와 투르크계를 거론할 수 있다. 지리적으로 인접한 페르시아는 중앙아시아를 약 10세기에 걸쳐서 지배하면서 이곳에 자신의 혈연적, 문화적 영향을 제공하였다.

투르크계 집단들은 6세기와 9세기 두 차례에 걸쳐 이곳으로 남하하여 페르시아의 영향을 받았던 중앙아시아 사람들에게 투르크의 영향을 추가시켰다.[23] 위와 같은 과정을 통해서 16세기 이전까지 중앙아시아에는 페르시아계 집단, 투르크계 집단, 그리고 몽골계 집단들이 형성되어 있었고, 이들은 공존하면서 서로에게 영향을 미치면서 살았다.

이처럼 다양한 집단들이 형성된 후 우즈베크가 지금의 우즈베키스탄으로 남하하여 이곳을 지배했다. 따라서 우즈베키스탄 학계가 주장하는 지금의 우즈베키스탄에서 이루어진 우즈베크 중심의 2차 집단

---

22) *Ўзбекистон халқ тарихи.* -Т. 1. (Тошкент: Шарқ, 1997).

23) Шаниязов, К. *Некоторые вопросы о процессах формирования узбекского народа.* ОНУ. -Т. 6. -С. 79-87. 1996.

통합은 16세기 이전에 형성된 이와 같은 수많은 집단들과 이루어진 것이다. 따라서 이러한 통합 과정을 통해서 나타난 새로운 우즈베크는 혈연적, 종족적 의미를 가지는 집단이 아닌 것은 분명하다.

우즈베크에 통합되었던 집단들은 자신보다 강한 군사력을 가진 우즈베크에 복종했을 뿐이지, 자신의 집단적 정체성을 버리고 우즈베크화한 것은 아니었다. 따라서 지금의 우즈베키스탄 인구의 82%를 차지하는 우즈베크족이 어떤 의미를 가지는 82%인지를 밝혀야 한다. 다음과 같은 역사적 사실은 이러한 문제제기에 답을 제시하고 있다.

1917년 러시아에서 사회주의 혁명이 성공되고 1918년에 중앙아시아에 '투르키스탄자치소비에트사회주의공화국'Turkestan ASSR(1918~1924)이 건국되었다. 그러나 러시아 영토에서 발생했던 내전기간 동안에 중앙아시아에서도 바스마치Basmachi를 중심으로 무장저항이 격렬해졌다. 이 기간은 우즈베크에 통합되었던 다양한 집단들이 이들로부터 벗어날 수 있는 좋은 기회였다. 러시아 혁명 이후로 우즈베크의 세력이 약해졌기 때문이다. 그러나 스탈린이 중앙아시아에 새로운 형태의 소비에트사회주의공화국을 설립하고자 시도하면서 상황은 달라졌다.[24]

스탈린의 입장에서 중앙아시아를 효과적으로 통치하고 통제하기 위해서는 중앙아시아라는 거대한 소비에트자치공화국을 여러 개로 분리시킬 필요가 있었다.

---

24) 바스마치(Basmachi)는 중앙아시아에서 제정러시아에 저항해서 일어났던 무장봉기 세력을 일컫는다. 이들의 목표는 무력으로 과거의 칸국을 되찾는데 있었다.

**스탈린의 구상을 통해서 나타난 결과물이 1924년부터
시작된 중앙아시아의 국경 획정이었다.**

소비에트연방 정부는 1924년부터 민족분포에 따라 국경을 정하고
공화국 명을 정해주었다. 그러나 실제로 민족분포에 근거하여 공화국
명을 만들기가 힘들었다. 앞에서 언급했던 아크말 이크라모프의 말은
이와 관련성이 있다. 소비에트연방 정부는 지금의 우즈베키스탄에 우
즈베크소비에트사회주의공화국이라는 명칭을 부여했다.

분명한 것은 당시에 이 공화국 명칭이 소수이지만 지배집단이었던
우즈베크를 고려하여 만들었다는 점이다. 소비에트연방으로 통합되기
전에 부하라, 히바, 코칸드 3칸국의 지배집단은 우즈베크이었다. 그런
데 소비에트연방으로 체제가 흡수되면서 우즈베크가 실제적인 지배
력을 잃게 되었고, 그 기회를 노려서 다른 집단들이 우즈베크의 지배
로부터 벗어날 수 있는 좋은 기회를 맞이한 것이다. 그런데 우즈베크
로부터 유래하는 우즈베크소비에트사회주의공화국이라는 명칭이 부
여됨으로써 우즈베크로부터 벗어나려는 이들의 시도를 스탈린이 좌
절시킨 것이다.

스탈린은 사회주의 혁명이 진행되면 궁극적으로 민족이라는 개념
이 소멸될 것이라는 마르크스주의에 기초하여 민족주의정책을 전개
하였다. 그러나 그의 민족주의 정책 목표는 모든 민족을 러시아 슬라

브 민족을 중심으로 융합시키는 대러시아주의였다.[25] 이러한 대러시아주의를 위해서 스탈린은 소수민족의 탄압과 강제 이주도 단행하였다.[26] 스탈린도 초기에 레닌의 민족자치권 부여라는 정책에 동조하여 어느 정도 소수민족들을 위한 우호적인 정책들을 추진하였으나, 1930년대 중반부터 강력한 소수민족탄압을 통해서 국내의 모든 소수민족들이 자민족의 정체성으로부터 벗어나 소비에트연방 국민이 되도록 하는 정책들을 강하게 밀어붙였다.

이러한 상황에서 우즈베크소비에트사회주의공화국에 존재하는 다양한 소수민족들은 자신의 집단적 정체성을 유지하기 힘들어졌다. 우즈베크와 자신이 집단정체성에서 차이가 있지만, 자신이 슬라브계 민족이 아니기 때문에 그리고 카자흐가 아니기 때문에 자신을 우즈베크화 시켜야만 했다. 이러한 인식의 변화 과정이 지속되면서 슬라브계 민족들, 카자흐, 타지크 등과 구별될 수 있는 우즈베크라는 민족이 탄생한 것이다.

위의 과정은 우즈베키스탄이 1991년 독립하면서 더욱 강화되었다. 우즈베키스탄 정부는 독립한 후에 '우즈베크'라는 민족 중심의 강력한 민족주의를 추진하였다. 소비에트체제 하에서 형성된 '우즈베크'라는 민족은 소비에트연방 정부의 강압적인 소수민족정책의 산물이었기 때문에 강제로 우즈베크화 되었던 다양한 집단들이 자신의 정책성을 회복하고 분리 독립할 가능성이 높았다.

---

25) 최대희. 「소비에트 민족 정책과 스탈린의 민족 문제 해결」 『인문과학』 16. 2003. pp.229-230.
26) 서규환, 이완종. 「사회주의와 민족문제」 『슬라브연구』 23(1). 2007. pp.2-29.

따라서 우즈베키스탄 정부는 독립 초부터 '우즈베크 민족주의'를 강하게 밀어붙였다. 그리고 이 당시에 우즈베크화된 집단들도 소비에트체제를 거치면서 사실상 자신의 정체성을 되찾기가 힘들었으며, 찾는다고 하더라도 우즈베키스탄 정부의 탄압이 두려웠기 때문에 현 상태를 유지하려고 하였다. 그리고 우즈베키스탄 정부의 입장에서는 독립 국가의 주류민족으로서 우즈베크를 내외적으로 부각시킬 필요가 있었기 때문에 우즈베크 민족주의를 강하게 추진하였다.[27]

이러한 역사적 과정을 통해서 16세기에 지금의 우즈베키스탄으로 남하했던 우즈베크가 우즈베키스탄 전체 인구 82%를 차지하게 된 것이다.

5. 민족 개념 이론을 통한 우즈베크의 민족정체성

역사적으로 유라시아에 존재했던 유목민들은 철저하게 씨족 집단이었다. 그러나 혈통적으로 동일한 이러한 씨족들은 시간이 지나면서

---

27) 우즈베키스탄은 독립 이후 독립국의 지위에 맞는 새로운 역사책 편찬 사업을 추진하였다. 1996년 9월 18일 이슬람 카리모프 전 대통령은 '우즈베키스탄 새 역사중심지'라는 대통령 산하기관을 만들고 여기서 『우즈베키스탄 새 역사』책을 편찬하도록 대통령령을 공포하였다. 이후에 우즈베키스탄의 주요 역사학자들은 새 역사책 편찬 사업에 동원되었으며, 집필 과정이 모두 대통령에게 보고되고 검열을 받았다. 정부 주도의 이러한 사업 때문에 우즈베키스탄의 역사학자들은 철저하게 국수주의적 관점에서 집필을 해야만 했으며, 학자 개개인의 다양한 역사적 관점이나 주장은 무시되었다. 따라서 우즈베크족의 역사적 발전 과정과 관련된 현지 학자들의 다양한 주장들을 문헌상에서 찾기 힘들다. 현재도 우즈베키스탄에서 발간되는 모든 역사책은 정부의 검열 이후에 출간이 가능하다.

다른 씨족에게 복속되기도 하고, 자신이 다른 씨족을 복속하기도 했다. 전자의 경우에는 자신의 혈통, 전통, 언어적 정체성을 상실할 가능성이 높으며, 후자의 경우에는 자신의 정체성을 유지할 수 있다. 그러나 이러한 과정이 반복되면 혈통, 전통, 언어적 정체성은 그 원형을 잃을 수밖에 없었다.

다양한 씨족으로 구성된 유목민 집단의 명칭은 내부에서 스스로 만들어서 이것을 외부에 알리는 방법이 있고, 외부에서 자신의 명칭을 만들어 주는 방법이 있다. 따라서 위에서 언급했듯이, 유목민 국가의 명칭은 항상 두 개가 존재하였다. 그러나 분명한 것은 전자와 후자의 명칭 모두 그 집단을 지배하거나 대표성을 가지는 특정한 단일 집단을 중심으로 부여되었다는 것이다.

유목민 집단들 중에서 특정 집단의 인구, 군사력은
자신의 집단 명칭을 만드는데 주요 변수가 되었다.

집단들 중에서 특정 집단의 인구가 가장 많지만 군사력이 약하다면 그 집단은 그 집단이 포함되어 있는 집단들의 대표성을 가질 수 없다. 그러나 그 집단은 인구 때문에 자신을 외부세계에 알릴 수는 있다. 반면에 인구는 적으나 막강한 군사력을 가지는 집단은 그 집단들의 대표성을 가질 수 있다.

유라시아의 초원을 따라서 존재했던 무수한 유목민 집단들은 씨족 단위로 혹은 그 이상의 단위로부터 복속을 당하고 복속을 하면서 자신의 정체성을 유지하기도 하고 그것이 변화되기도 했다.

유라시아에 존재하는 씨족이 장기간의 역사를 통해서
혈통적으로 순수성을 유지한다는 것은 거의 불가능하다.

몽골제국에서 칸이라는 칭호는 칭기즈칸의 직계 후손들만 가진다. 따라서 몽골의 왕족과 여타 귀족들은 혈통적, 전통적 순수성을 유지할 수 있다. 그러나 이들의 지배하에 있는 집단들의 구성원들은 서로 공존하며 살고 지배집단의 원칙을 따르기 때문에 자신의 씨족이 가졌던 혈통, 전통, 언어의 원형은 변할 수밖에 없다.

그럼에도 불구하고 몽골과 투르크는 유라시아 초원에서 수백 년간 공존했기 때문에 외부에서 본다면, 두 집단의 통합을 통해서 각 집단에 나타나는 개별적인 정체성의 차이점은 발견하기 힘들다. 따라서 '투르크-몽골'이라는 용어가 나오게 된 것이다.

1335년에 '우즈베크'라고 불린 사람들을 위에서 제시한 민족의 정의들에 적용시키면 다음과 같이 분석된다.

첫째, 혈연적 의미를 가지는 민족의 정의. 1335년에 역사문헌에 처음 나타난 우즈베크를 혈연적 의미의 민족으로 정의할 수 없다. 우즈베크가 우즈베크칸과 연관성을 가진다는 학설을 인정한다면, 칭기즈칸의 직계 후손인 몽골인 우즈베크칸의 지배하에 있는 집단은 몽골 씨족들과 투르크계 다양한 씨족들로 구성되었기 때문에 우즈베크가 자신의 혈연, 전통, 언어적 정통성을 유지하면서 성장한 단일한 씨족이라고 할 수 없다. 앞에서 언급했듯이, 세묘노프는 우즈베크를 투르크어를 사용하는 투르크-몽골로 종족적ethnic 정의를 내렸는데, 그의 주장은 어느 정도 타당성이 있다고 여겨진다.

둘째, 특수한 연대 정서의 관점에서 민족 정의. 막스 베버의 정의를 우즈베크에 적용시킨다면, 우즈베크가 다른 집단과 대면했을 때 자신만의 '특수한 연대 정서'인 '언어의 친화성'과 '문화적 연대감'을 가진다. 그리고 우즈베크는 '공동의 역사적, 정치적 경험들'에 의해서 자신의 집단적 정체성을 강화시켰다. 따라서 베버의 민족에 대한 정의가 우즈베크에게 적합하다고 판단된다.

셋째, 민족형성과 관련된 객관적 구성요소를 통한 정의. 신용하는 민족형성에 필요한 요소들을 ①언어의 공동 ②지역의 공동 ③문화의 공동 ④혈연의 공동 ⑤정치의 공동 ⑥경제생활의 공동 ⑦역사의 공동 ⑧민족의식으로 다양화시켰다. 특히 그는 ①～⑦을 민족형성의 객관적인 요소로 분류하였으며, ⑧을 주관적인 요소로 규정하였다.[28] 우즈베크가 '민족'이라면, 민족의 구성에 해당되는 객관적 요소들 중에서 ①언어의 공동 ②지역의 공동 ③문화의 공동 ⑤정치의 공동 ⑥경제생활의 공동 등이 우즈베크에게 적용된다.

넷째, 민족형성과 관련된 주관적 구성요소를 통한 정의. 우즈베크에게 ④혈연의 공동과 ⑧민족의식은 적용되지 않는다. 우즈베크가 투르크계 씨족이라고 한다면 그 씨족이 가지는 혈연의 순수성과 이에 따른 민족의식을 유지해야 하는데, 앞에서 언급했듯이, 우즈베크가 우즈베크칸과 연관성을 가진다는 학설을 인정한다면 몽골의 칸에게 지배

---

28) 신용하. 「'민족'의 사회학적 설명과 "상상의 공동체론" 비판」 『한국사회학』 40(1). 2006. pp.32-58.

를 당하는 몽골 씨족들과 투르크계의 다양한 씨족들로 구성된 집단이 우즈베크이기 때문에 씨족적 혈통과 전통을 유지하는 하나의 씨족으로 우즈베크를 정의하기는 힘들다. 따라서 우즈베크가 민족의식을 가졌다고 보기는 힘들다.

다섯째, 실재의 공동체와 상상의 공동체. 우즈베크는 민족을 형성하는 객관적 요소들인 ①언어의 공동 ②지역의 공동 ③문화의 공동 ⑤정치의 공동 ⑥경제생활의 공동에 적용되기 때문에 실재의 공동체라고 할 수 있다. 또한 우즈베크는 ④혈연의 공동과 ⑧민족의식이 없기 때문에 겔너와 앤더슨이 주장한 민족이 없는 곳에 민족주의가 '민족'을 '발명'하고 '상상'해낸 공동체에도 어느 정도 적합할 수 있다. 그러나 만약 둘 중에 하나를 선택해야 한다면, 실재의 공동체가 더 적합하다. 왜냐하면, 우즈베크는 인종, 언어, 문화적으로 이질적인 집단들이 모여서 하나의 큰 집단을 구성한 것이 아니라, 인종, 언어, 문화적으로 유사한 몽골계와 투르크계가 우즈베크를 구성하였기 때문에 발명과 상상의 공동체라고 할 만큼 인위적인 집단은 아닌 것이다.

다음으로 지금 우즈베키스탄의 우즈베크족을 위에서 제시한 민족의 정의들에 적용시키면 다음과 같이 분석된다.

첫째, 혈연적 의미를 가지는 민족의 정의. 16세기 초에 지금의 우즈베키스탄에서 살기 시작했던 우즈베크는 1차적으로 투르크계와 몽골계의 다양한 집단들과 통합을 한 상태에서 남하했으며, 이후 2차로 다른 집단들과 통합을 이루어냈다. 만약에 우즈베키스탄 학계의 이러한 주장이 맞는다면, 16세기 초에 지금의 우즈베키스탄으로 남하하고 정착한 우즈베크는 혈연적 의미의 민족에 적용될 수 없다. 그리고 이들과 연결성을 갖는 지금의 우즈베크족도 마찬가지로 혈연적 의미의 민족이 될 수 없다.

둘째, 특수한 연대 정서의 관점에서 민족 정의. 우즈베크족은 1335년에 역사문헌에 처음 등장한 우즈베크와 마찬가지로 베버의 민족에 대한 정의에 가장 잘 적용될 수 있다.

셋째, 민족형성과 관련된 객관적 구성요소를 통한 정의. 우즈베크족은 민족의 구성에 해당되는 객관적 요소들인 ①언어의 공동 ②지역의 공동 ③문화의 공동 ⑤정치의 공동 ⑥경제생활의 공동 모두에 적용된다.

넷째, 민족형성과 관련된 주관적 구성요소를 통한 정의. 지금의 우즈베크족은 1335년의 우즈베크와 마찬가지로 ④혈연의 공동은 가지고 있지 않다. 그러나 ⑧민족의식은 적용될 수 있다. 소비에트연방 정부의 소수민족정책과 우즈베키스탄 정부의 민족주의 정책으로 인해서 현재 우즈베크족은 혈연적 동질성은 없지만, 이미 우즈베크화 되어버린 상태였기 때문에 다른 국가의 민족들과 자신을 비교했을 때, 자신을 우즈베크라는 민족이라고 인식하게 되었다. 특히 우즈베크와 달리 우즈베크어가 우즈베크족의 공식어가 되었기 때문에 이들의 민족의식을 인위적으로 만들어 가는데 우즈베크어는 큰 역할을 하였다.

다섯째, 실재의 공동체와 상상의 공동체. 지금의 우즈베크족은 1335년의 우즈베크와 마찬가지로 실재하는 공동체이다. 그리고 여기서도 우즈베크족은 소비에트연방 정부의 소수민족정책과 우즈베키스

탄 정부의 민족주의 정책으로 인해서 자신을 우즈베크화 시켰기 때문
에 분명히 상상의 공동체라고도 할 수 있다.

민족 정의 이론에 따른 과거 우즈베크와 현재 우즈베크족의 비교

민족 정의 이론	역사문헌에서 우즈베크라고 불린 집단	현재 우즈베크족
혈연적 의미	적용될 수 없음	적용될 수 없음
특수한 연대 정서	적용 가능함	적용 가능함
객관적 구성 요인	언어, 지역, 문화, 정치, 경제생활 공동	언어, 지역, 문화, 정치, 경제생활 공동
주관적 구성 요인	적용 대상 없음	민족의식 적용 가능
실재 및 상상공동체	실재와 상상 모두 가능	실재와 상상 모두 가능

위와 같이 역사문헌에 처음으로 우즈베크라고 불린 사람과 지금의
우즈베크족을 역사적인 명칭의 유래, 그것의 의미, 그리고 이들의 역
사적 활동과 우즈베크의 집단적 변화 과정을 통해 분석했다. 그리고
민족의 개념에 관한 다양한 정의들에 이들을 적용시켜서 그 의미를
분석해 보았다. 이를 바탕으로 지금의 우즈베크족이 가지는 정체성을
새롭게 정의한다면 다음과 같다.

유라시아 초원에서 투르크계 다른 씨족들과 몽골계 씨족들과
공존하면서 살았던 우즈베크라고 불린 집단이 투르크계와 몽
골계의 다양한 집단들을 군사력으로 1차 통합하여 새로운 집

단으로 변화하였으며, 이후 이들이 지금의 우즈베키스탄으로 남하하여 군사력을 바탕으로 이 지역을 지배하면서, 이곳에 살았던 투르크계와 몽골계의 다른 집단들과 2차 통합하여 또 다시 새로운 집단으로 변화되었고, 이후 소비에트연방 정부의 소수민족정책과 우즈베키스탄 정부의 민족주의 정책을 통해서 우즈베크어를 구사하는 우즈베크화 되어버린 집단으로 고착하였는데, 이것이 바로 지금의 우즈베크족이라고 할 수 있다.

우리는 우즈베키스탄이라는 나라의 주인인 우즈베크족의 정체성을 살펴보았다. 다음 장에서는 우즈베키스탄 땅에서 이루어진 역사들을 고대에서부터 하나씩 살펴보도록 할 것이다. 역사를 하나씩 짚어가면

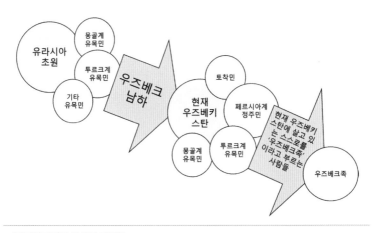

• '우즈베크족'의 역사적 정체성

서 우리는 보다 더 정확하게 우즈베크족의 정체성을 이해할 수 있을 것이다.

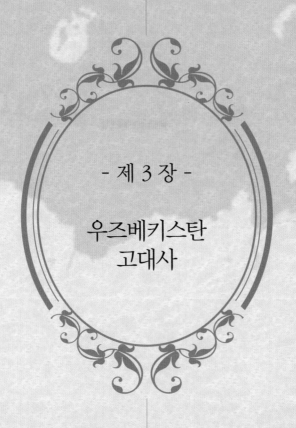

- 제 3 장 -

우즈베키스탄
고대사

1. 선사시대 우즈베키스탄을 지배한 소그드인, 호레즘인, 박트리아인

우즈베키스탄 지역에 나타난 고대원시사회는 다음과 같이 나누어 진다.

시 대	장 소
구석기 (백만 년 전)	• 타지키스탄 남부지방 소재 쿨다라(Kuldara) 지역 • 카자흐스탄 남부지방 소재 아리스탄디(Aristandi) 계곡 • 우즈베키스탄 동부지방 페르가나(Fergana) 계곡 소재 셀룬구르(Selungur) 동굴
중석기 (12~6만 년 전)	• 수르한다리야(Surkhandariya) 소재 자라우트(Zaraut) 계곡
신석기 (6만~3천 년 전)	• 투르크메니스탄 타잔(Tajan), 교크수르(Gyoksur) 오아시스
금석병용 (3천~2천 년 전)	• 타지키스탄 판지켄트(Penjikent)
청동기 (2천~BC 10세기)	• 우즈베키스탄 남부와 아프가니스탄 북부의 박트리아(Bactria) 문화 • 우즈베키스탄 서부 호레즘(Khorezm) 지방의 토자보교브(Tozabogyob) 문화 • 우즈베키스탄 중부 자라프샨(Zarafshan)강 하류의 안드로보노(Andronovo)문화
철기 (BC 10세기)	• 호레즘 • 박트리아 • 소그드(Sogd)

• 셀룬구르(Selungur) 동굴
에서 발굴된 구석기 유물[29]

• 안드로보노(Andronovo) 청동기 유적[30]

다른 지역과 마찬가지로 청동기 시대에 우즈베키스탄 지역에서도 씨족사회, 사유재산, 계급 등이 발생하였으며, 철기시대에 도시국가인 호레즘, 박트리아, 소그드가 나타났다.

중앙아시아 원주민의 형성에 대한 기록이 조로아스트교 경전인 「아베스타Avesta」와 페르시아 다리우스1세의 비문인 「비수툰Bisotun」 비문에 존재한다.

「아베스타」에 의하면, BC 7~6세기경 중앙아시아에 소그드, 박트리아, 마르기안Margian, 호레즘이 농경민으로 그리고 사까Saka, 마사게타이 Massagetean가 유목민으로 존재했다.

「비수툰」 비문에는 중앙아시아에 존재했던 초기 국가를 소그드, 호레즘, 박트리아라고 칭하고 이곳에 사는 이들을 각각 소그드인, 호레즘인, 박트리아인으로 불렀다고 적혀있다.

29) Krivoshapkin, Andrey. *Middle Paleolithic variability in Central Asia: Lithic assemblage of Sel'Ungur cave*, Quaternary International, 535(10) 2020. pp.88-103.

30) Kaniuth, Kai. *The Metallurgy of the Late Bronze Age Sapalli Culture (Southern Uzbekistan) and its implications for the 'tin question'*, Iranica Antiqua, 42. 2007. pp.23-40.

• 「비수툰」 비문

• 아케메네스왕조 전성기 영토

헤로도투스의 『역사』에 의하면, 소그드, 호레즘, 박트리아는 초기에 메디아Media, 아시리아Assyria와 대등한 힘을 가지고 있었다. 그런데 페르시아가 강성해지면서 중앙아시아 지역을 넘보게 되었다. BC 535년에

• 아케메네스왕조 초기 수도 파사르가다에(Pasargadae) 발굴지

페르시아의 아케메네스왕국Achaemenid Empire이 이들을 정복하였다. 이후 중앙아시아 원주민이 페르시아에 동화(同化)되었다.

2. 나브루즈와 조로아스터교

우즈베키스탄에서 새해 첫날은 3월 21일이고 나브루즈Navruz라고 불린다. 조로아스터교의 영향을 받은 페르시아와 중앙아시아의 전통적인 새해 명절이다. 페르시아어로 'Norooz'라고 불리며, 노no는 '새로운'이라는 의미의 형용사이고 루즈rooz는 '날'을 뜻하는 명사이다.

나브루즈는 고대 페르시아의 태양력에 따라 낮과 밤의 길이가 같아지는 첫날인 3월 21일 혹은 22일을 가리키며, 다른 의미로는 태양이 산양자리에 들어가는 날인 3월 19~21일을 가리키기도 한다.

전설에 따르면, 페르시아의 문화와 전통을 상징하는 잠시드 왕King Jamsid이 악마를 물리치고 하늘에 자신의 위엄을 공표하기 위해서 그 날을 새해로 명명했다고 한다. 그리고 이란의 일부에서는 시아 이슬람에서 메시아와 같은 존재인 카임Qa'im이 세계 종말 직전에 나타날 악마인 적그리스도에게 승리한 날을 기념하기 위해 만들어 졌다고 믿는다.

조로아스터교의 창시자인 조로아스터는 눈이 녹아 물이 흐르고 싹이 트는 봄에 탄생했다고 한다. 조로아스터교에서 세계는 선과 악 두 세력의 전쟁터이다. 이 투쟁은 선이 악을 이길 때까지 지속되고 이 투쟁에서 인간은 선의 세력을 돕는다. 선과 악 두 세력은 정신세계뿐만 아니라 물질세계에서도 나타난다. 조로아스터교에서는 자연현상의 변화도 선과 악의 세력과 관련되어 있고 인간에게 유익한 자연은 바로 선이다. 희망과 생명을 상징하는 봄은 그들에게 축복을 의미한다. 그들은 봄을 생명의 계절로 이해하고 이 계절을 맞이하는 축제를 벌인다.

소비에트 체제하에서 나브루스는 금지되었으나 독립 이후 중앙아시아 5개국은 이날을 휴일로 규정하고 부활시켰다. 비록 공식적으로는 축제가 하루에 그치지만, 보통 2~3일에서 길게는 7일까지 간다. 사람들은 즐거운 나브루스가 한 해 동안 좋은 기분과 행운을 가져다 준다고 믿는다. 사람들은 나브루스가 오기 전 며칠 동안 집과 주변을 청소한다. 그리고 새 옷을 사거나 만들어 입는다.

　나브루즈는 명백히 페르시아와 조로아스터교의 전통이다. 그러나 이것을 중앙아시아 국가들이 모두 수용하고 기념하고 있다. 이러한 이유는 아케메네스왕국부터 시작해서 이후 페르시아 국가들이 현재의 우즈베키스탄 지역에 페르시아의 전통을 이식(移植)했기 때문이다.

3. 알렉산더 대왕의 정복과 그리스문화 그리고 파란 눈의 사람들

　알렉산더 대왕은 페르시아의 아케메네스왕국을 무너뜨리고 중앙아시아로 진출했다. 그는 힌두쿠시 산맥을 넘어서 박트리아로 공격을 시작했다. 중앙아시아 지역은 그리스인들의 지배하에 들어가게 된다. 알렉산더 대왕은 정복지의 주요 지점에 도시를 건설하고 그리스인들을 그곳으로 이주시키는 정책을 폈다. 그리고 그곳에서는 헬레니즘 문화가 전파되어 보급되었다. 이처럼 중앙아시아 지역에 그리스문화가 영향을 미치며 발전하였다. 중앙아시아 지역에서는 '그리스-마케도니아'와 '그리스-박트리아'가 순서대로 이 지역을 통치했다.

　알렉산더 대왕은 북부 페르시아를 지나 지금의 우즈베키스탄과 아프가니스탄 국경도시인 테르메즈Termez를 통해서 중앙아시아로 들어왔다. 이 도시는 고대부터 실크로드의 중요한 요충지로서 기능을 담당하였다. 중국에서 출발한 실크로드 상인들은 천산을 넘어 지금의 우즈베키스탄에 도착하면 사마르칸트를 반드시 지나게 되어 있었다.

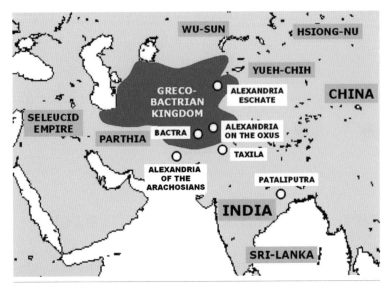

• 그리스-박트리아 영토

• 록산나와 알렉산더 대왕의 결혼식, 게랄드 호에트(Gerard Hoet) 그림

우즈베키스탄의 역사

• 수르한다리야에 있는 알렉산더 대왕의 다리(좌), 파란 눈을 가진 칼라쉬 여성(우)

여기서 중동, 이란, 인도로 가기 위해서는 다시 테르메즈를 통과해야만 했다. 따라서 고대부터 이 도시는 그리스, 아랍, 페르시아 등과 같은 세력들이 중앙아시아를 침입하는데 첫 번째로 통과해야 하는 관문이 되었다. 이러한 지리적인 배경으로 인해 테르메즈는 이들의 문화가 가장 먼저 이식(移植)되는 곳이기도 했다.

알렉산더 대왕은 페르시아의 아케메네스왕국를 무너뜨리고 테르메즈를 통과해서 이 지역 일대로 진출하였다. 당시에 이곳을 지배하였던 박트리아Bactria를 침략하여 지배하는데 성공한 알렉산더 대왕은 '그리스-마케도니아' 식민지 국가를 건설하였다. 이후 이 지역은 무려 200여 년간 그리스인들의 통치를 받아야만 했다.

알렉산더 대왕은 정복지의 주요 지점에 도시를 건설하고 그리스인들을 그곳으로 이주시키는 정책을 폈다. 그리고 그곳에서는 헬레니즘 문화가 전파되도록 장려하였다. 특히 그는 그리스인과 정복지 원주민 사이에 결혼을 장려하였다.

알렉산더 대왕 역시 중앙아시아를 지배한 후 록산나Roxana라는 이곳의 원주민 여성과 결혼하였다. 그녀는 그가 죽을 때까지 가장 사랑했던 여성이라고 알려져 있다.

그리스 식민지 국가인 '그리스-마케도니아'는 이후 '그리스-박트리아'로 바꿔어 이곳을 계속해서 통치하였다. 2001년 9.11테러가 발생하고 미국이 탈레반과 전쟁을 선포했을 때 파란 눈을 가진 탈레반 전사들의 사진이 등장했는데, 이들은 현재 우즈베키스탄 지역을 지배했던 그리스인과 아프가니스탄 원주민들이 결혼하여 나타난 인종유전학적인 결과물이라고 분석되고 있다. 특히 힌두쿠시 부근에 살고 있는 칼라쉬Kalash부족이 대표적이다.

4. 쿠샨왕조와 에프탈

당시에 중국대륙에서는 한과 흉노의 세력싸움이 전개되었으며, 흉노의 서진은 중앙시베리아 초원지대에 퍼져있던 스키타이인들의 남하를 유발시켰다.[31] 이들은 '그리스-박트리아'를 무너뜨리고 중앙아시아에 각각의 국가를 설립했다. 대표적인 것들이 강거국(康居國), 대월지국(大月氏國: 토하라), 대원국(大宛國) 들이다.

스키타이인들의 남하로 인해 그리스인들은 힌두쿠시산맥을 넘어서

---

31) 훈족의 흉노와의 관계에 대해 정확한 학설은 존재하지 않는다. 일반적으로 흉노의 한 부족이라는 설이 설득력을 얻는다. 이들은 유럽으로 서진하여 5세기 아틸라(Attila)왕의 지휘 하에 헝가리를 비롯한 동유럽을 공포의 분위기로 만들었다.

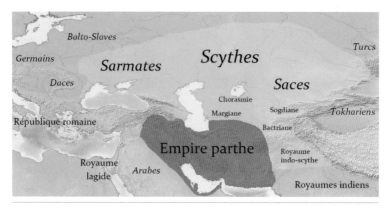

• 스키타이족이 점유하였던 유라시아 지역(노란색)

인도북부로 들어갔다. 이들은 여기서 그리스문화(조각, 건축)를 전하는 과정에 불교와 접목하여 '간다라불교예술'을 만들었다.

한편 한무제(漢武帝)는 흉노를 완전히 소탕하기 위해 중앙아시아 국가들과 접촉하기 위해서 장건(張騫)[32]을 파견하였다. 한무제는 중앙아시아 국가들과 연합하여 흉노를 무찌르고자 했다. 그러나 대월지국을 비롯한 이들 국가들은 한에 비협조적이었다.

대월지국은 휴밀(休密)xiəu-miet, 쌍미(雙靡)ṣang-mjie, 귀상(貴霜)kjwei-ṣiang, 힐돈(肸頓)xiet-twən, 고부(高附)kâu-b'iu와 같은 다섯 공국으로 구성되었다. 이중 귀상(貴霜)이 다른 4개의 공국을 무너뜨리고 쿠샨왕조를 건설했다.

쿠샨이 건국됨으로써 한, 쿠샨, 파르티아로 유라시아는 재편되었다.

---

32) 장건은 중앙아시아를 답사하고 중국에 소개한 최초의 중국인이었다. 이를 계기로 중국은 중앙아시아를 잘 알게 되었다.

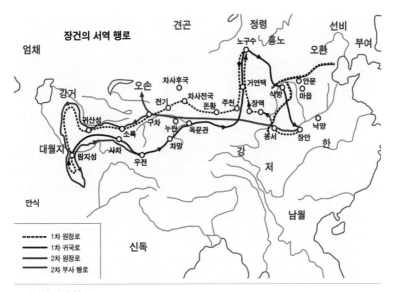

• 장건의 서역 행로

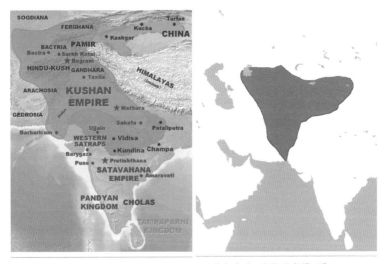

• 2세기 쿠샨황조의 영토

• 6세기 경 에프탈 통치지역(녹색)

우즈베키스탄의 역사

한은 파르티아와 직접 교역을 하고자 하였으나 쿠샨왕조가 이를 방해하였다. 결국 한과 쿠샨 간에 전쟁이 발생했고 쿠샨은 한에 패했지만 중국에 위진남북조의 혼란이 시작되면서 패배한 쿠샨은 실크로드를 장악할 수 있었다.

쿠샨왕조는 인도와 중앙아시아 지역을 이원화하여 다스렸는데 이런 이원화 정책으로 인해서 내분이 발생하여 국력이 쇠퇴해졌다. 이 틈을 타서 에프탈Epthalitae이 남하를 하였다. 백훈족White Huns이라고도 불리는 에프탈은 민족적으로는 훈족과 스키타이의 혼혈로 본다. 이들은 418~438년에 걸쳐 사산조 페르시아Sassanid Empire와 전쟁을 치른다. 여기서 에프탈은 승리를 거두고 중앙아시아를 장악하였다.

5. 테르메즈(Termez)의 불교 유적과 유물

앞서 이야기했듯이 쿠샨왕조는 이원정책을 실시하였다. 즉 그들이 정복한 박트리아의 그리스문화를 받아들여서 그리스문자와 그리스식 동전을 사용하였으며, 동시에 불교문화도 받아들이면서 그리스 문화와 불교 문화가 융합된 그리스식 불교가 발달하였다. 쿠샨왕조는 불교를 국교로 받아들이면서 테르메즈를 중심으로 불교문화를 번성시켰다. 현재 테르메즈에서 발굴되고 있는 많은 불교 유적들은 대부분 쿠샨왕조 통치시기에 만들어진 것이다. 쿠샨왕조는 기본적으로 타종교에 대해서 관대했다. 그래서 이 시기에 조로아스터교와 힌두교도

• 테르메즈에서 발굴된 쿠샨왕조 유물들

• 테르메즈에 복원된 사리탑

이곳에서 발전할 수 있었다.

　무엇보다 쿠샨왕조가 역사적으로 중요한 역할을 했던 것은 인도 북부에서 시작된 불교가 지금의 티베트, 중국으로 확산할 수 있도록 정책을 폈다는데 있다.

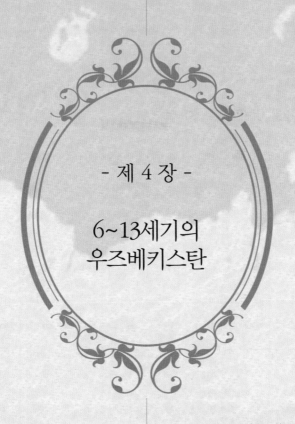

- 제 4 장 -

6~13세기의
우즈베키스탄

1. 중앙아시아를 지배한 투르크(Turk)

투르크는 돌궐(突厥)이라는 한자명으로 우리에게 잘 알려져 있다. 한자어 돌궐은 투르크의 가차(假借)식 표기이다. 투르크는 중앙아시아에 투르크 카간국을 건설하였는데 중요한 사실은 이들이 유목민 제국 중 최초로 문자를 남겼다는 것이다.

그들이 만들어낸 돌궐문자는 19세기에 오르콘강에서 발견된 투르크 카간(=왕=천자)들의 비석(오르콘 비문)에서 발견할 수 있었다. 이 비문들은 그 당시 역사를 조명하는데 도움을 주었을 뿐만 아니라, 기존의 중국 사료에 나타났던 몇몇 사실들이 왜곡되었음을 알게 해 주었다.

투르크는 환경에 잘 동화했을 뿐만 아니라 다른 국가의 용병으로도 활약을 하였다. 이

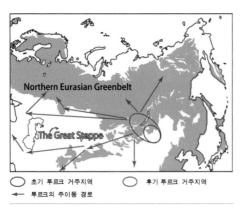

• 투르크 거주 지역과 이동 경로

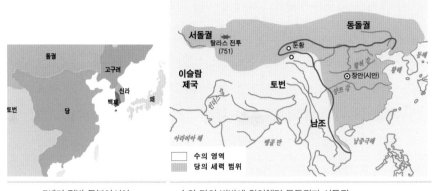

• 7세기 전반 동북아시아   • 수와 당의 변방에 위치했던 동돌궐과 서돌궐

는 그들의 강한 무사적 기질에서도 기인하지만 전반적으로 지배를 한 경우나 지배를 당한 경우나 동화과정을 잘 견디어 냈다는 의미를 가진다. 투르크는 일반적으로 대장장이와 철공일에 종사했다고 문헌에 나타난다. 이는 그들의 생활방식이 전통적인 유목생활에서 벗어나 농경생활과 철공업에 종사하면서 일정 정도 정주를 하면서 살았음을 보여준다. 투르크는 유목민 사상 처음으로 취락을 구성하였다고 한다.

투르크는 545년경 당시 유목사회의 지배자였던 '유연'에서 벗어나려고 노력을 하였으며, 부민(투르크의 첫 天子)이 유연을 무찌르고 알타이 산맥, 카자흐초원 그리고 내몽골에 이르는 강력한 국가를 건설하였다. 투르크는 동투르키스탄으로 더욱 팽창을 하여 중앙아시아를 지배하고 있던 에프탈 마저 복속시키고 투르크 카간국을 그곳에 세운다.

한편, 중국대륙은 위진남북조를 수왕조가 통일하고 팽창의 의지를 가지지만 고구려 정벌이 실패로 돌아가 당왕조에게 권력을 넘겨주어야만 하였다. 당태종은 팽창정책을 이어받아 중국변방을 정리하려고 시도하였고, 투르크는 내분이 일어나서 동서로 나뉘어졌다.

당은 동투르키스탄을 정복한 후 서투르키스탄을 점령하려고 시도했다. 그러나 이때 티베트가 타림분지 일대를 장악하고 있어서 당은 우선 티베트부터 점령해야 했다. 당의 고선지 장군이 이끄는 군대가 긴 여정 끝에 티베트를 점령하고, 주변의 소국들을 장악하였다. 이후 당은 서투르키스탄으로 방향을 돌렸다.

2. 당과 아랍의 대립

630년경 서투르크는 내분으로 다시 분열되었다.

이 틈을 이용해서 당은 서투르키스탄을 점령한다. 서투르키스탄은 중앙아시아를 지배하였지만, 끊임없는 당과의 대립 때문에 중앙아시아에서 완전하게 권력을 장악하지 못한 상태였고, 권력의 빈틈을 이용해서 소그드는 당과 무역을 활발히 전개했다.

소그드인들은 실크로드의 상인으로 유명하다. 이들은 당에 서역문화와 그들이 믿었던 조로아스터교를 전해주었다. 현재의 사마르칸트의 아프라시압Afrasiab 벽화에 나타나는 한반도 사신의 벽화는 소그드-당-한반도로 이어지는 관계를 보여주는 사례이다.

아랍은 651년 메르브Merv 공격을 시작으로 서투르키스탄 지역으로

• 아프라시압 벽화와 한반도 사신도(오른쪽 두 사람)[33]

진출하려고 시도했다. 아랍의 우마이야왕조Umayyad dynasty는 이븐 무슬림을 행정관으로 임명하고 705년 중앙아시아 지역 정복을 시작하였다. 712년에 사마르칸트와 부하라가 무너졌다. 이때 소그드인들은 주변의 투르크인들에게 도움을 요청하였지만 역부족이었다. 그러나 이러한 소그드와 투르크의 연합은 민족 간 동화작용에 영향을 미쳤다. 다시 힘이 부족하자 소그드는 당에게 구원을 요청하였다. 그러나 당의 현종은 먼저 티베트부터 제거하려고 이들의 요청에 대해 실질적인 군사원조는 하지 않았다. 당은 고선지가 티베트와 주변 소국들을 장악한 후 서투르키스탄으로 나아가 군사행동을 시작했다.

고선지가 이끄는 당군은 타슈켄트 지역으로 진입하면서 큰 실수를

---

33) 지금은 색이 모두 바라져서 흔적만 남아있다.

저지르고 만다. 타슈켄트 왕은 고선지의 항복 권유에 따랐다. 그런데 당군은 그 왕을 인질로 삼아서 장안으로 끌고 갔고, 그곳에서 타슈켄트 왕을 비참하게 죽였다. 그리고 이 소식은 바로 중앙아시아 지역으로 빠르게 전달되었다. 이 비극적이면서 배반적인 소식은 당군에게 매우 불리하게 작용한다.

당시에 아바스 왕조의 군대가 계속 동진을 하였고, 고선지는 이에 대항하기 위해 소그드를 압박한다. 소그드 왕은 이번에는 당나라에 대항하기 위해 아바스 왕조에 도움을 요청했고 우마이야 왕조 세력을 메르브에서 몰아낸 아바스 왕조의 호라산Khorasan 총독 아브 무슬림은 부하인 지야드 이븐 살리흐를 당군과 맞서도록 보낸다. 티베트군과 연합한 아바스 왕조군과 고선지가 이끄는 당군이 천산산맥 서북쪽 기슭의 탈라스 강에서 격돌하게 되었다.

고선지 장군은 이 전투에서 패배를 하는데 천산 북쪽에서 유목생활

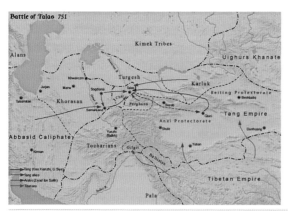

• 탈라스전투

을 하는 유목민인 카를룩Karluk 투르크가 당군이 타슈켄트 왕을 어떻게 죽였는지 기억하고 아바스 왕조 쪽으로 마음을 돌리는 바람에 협공을 당해서 졌던 것이다. 이것은 크게 두 가지 의미를 갖게 된다. 그 첫째는 아랍 세력이 중앙아시아를 장악하게 되었으며 이슬람의 전파가 본격적으로 이루어졌다는 것이고, 둘째는 더이상 중국은 중앙아시아에서 그 영향력을 발휘하지 못하게 되었다는 것이다.

종이 전래설

종이 전파의 기본 학설은 탈라스전투 후 당군의 포로 중 제지기술자가 있어서 서방에 전래되었다고 하는 것이다. 그러나 이러한 학설에 소비에트연방 학자들은 반대한다. 종이는 소그드인들과 당과의 무역과정에서 종이에 적힌 계약서를 받은 소그드 상인이 이를 수공업자들과 연구하여 만들었다고 하는 것이 그들의 주장이다. 이미 중앙아시아 사마르칸트에는 제지공장이 있었으며, 그곳에서 나온 종이의 재료는 중국의 것과 달랐다고 한다.

결론적으로 종이는 계속된 무역관계에서 자연스레 연구되고 만들어진 결과이며, 결정적으로 중국 제지기술자가 이를 완성시켰다고 본다.

---

3. 실크로드의 주인 소그드

소그드는 기원전 700년경에 지금의 사마르칸트를 중심으로 도시국가를 만들고 성장하였다. 이후 아케메네스왕국에 의해 지배를 받으면서 페르시아 문명의 중심이 되었다. 기원전 329년에 아케메네스왕국

• 7세기 소그드 남자들이 그려진 벽화, 판지켄트
역사박물관, 타지키스탄

을 침략하여 지배한 알렉산더 대왕이 동진하여 사마르칸트를 통치하였다. 이후 소그드는 스키타이와 에프탈에 의해 지배를 받았다.

그러나 투르크가 우즈베키스탄 지역으로 1차 남하하면서 소그드는 이들과 공존할 수 있었다. 6~7세기는 소그드의 전성시대라고 할 수 있다. 그들은 실크로드의 상인으로서 당과 페르시아를 연결하는 무역을 전개하였다.

소그드는 기원전 1세기경부터 중국과 직접 교역을 하였으며 강국인(康國人)이라고 불렸으며, 이들의 활동범위는 중국은 물론 몽골고원, 서아시아까지 미쳤다.『당회요(唐會要)』에는 소그드의 모습을 다음과 같이 묘사하였다.

자식을 낳으면 반드시 꿀을 먹이고 아교를 손 안에 쥐어준다. 그것은 이 아이가 성장했을 때 입으로는 항상 감언(甘言)을 하며 아교가 물건에 붙듯이 손에 돈을 가지게 되었으면 하는 염원 때문이다. 그들은 누구나 장사를 잘하며 지극히 적은 이윤이라도 다룬다. 남자는 20세가 되면 다른 나라에 보내는데 중

우즈베키스탄의 역사

국에도 온다. 이익이 있는 곳이면 가지 않는 곳이 없다.[34]

당시에 소그드는 연방국가를 구성하였는데 당시의 주요 구성국들은 사마르칸트의 강국(康國), 부하라의 안국(安國), 타슈켄트의 석국(石國), 케시의 사국(史國) 등이었다. 이들의 활약으로 실크로드는 전성기를 구가하였으며, 이들은 당의 수도 장안으로 양탄자, 약품, 향료 등을 싣고 와서 당의 귀족들에게 팔았으며, 이와 동시에 서역문화를 장안에 전하여 유행시켰다. 그러나 7세기 중반 아랍의 침략을 받으면서 소그드인은 거의 소멸되었다. 당시에 조로아스터교를 믿었던 소그드는 이슬람으로의 개종을 거부하여 자신들의 존재조차 찾을 수 없을 만큼 학살을 당하였다.

4. 아랍지배와 사만왕조 그리고 제2차 투르크 남하

중앙아시아가 아랍의 지배하에 들어가자 첫째, 조로아스터교가 사라지고 이슬람이 본격적으로 전도되기 시작했다. 둘째, 초기 아랍의 강압적인 이슬람 전파로 인해 중앙아시아에 있었던 문헌들은 모두 불살라졌다. 따라서 아랍 침입 이전의 중앙아시아 역사를 연구하는데 중국문헌과 아랍문헌을 참조해야 하는 번거로움이 발생했다. 셋째, 아

---

34) 나가사와 가즈도시. 이재성 옮김. 『실크로드의 역사와 문화』 1991. 민족사. pp.111.

랍어가 중앙아시아 지역에 보급되었다. 그러나 아랍어는 소수 지배층이나 학자들만 사용하였다.

중앙아시아에 아랍의 지배가 계속되고 있을 때, 당은 9세기 말 황소의 난으로 혼란스러워졌다. 이 지역에서 위세를 잃었던 다음의 유목민들이 다시 세력을 회복하기 시작하였다.

위구르, 키타이(거란, 요(遼)), 카를룩, 안남(베트남), 티베트, 탕구트Tanggut

특히 카를룩은 위구르에 쫓겨 남하를 하였는데, 다시 그곳에서 티베트의 공격을 받고 서투르키스탄으로 넘어가야만 하는 고난의 시간을 보냈다. 당시의 중앙아시아를 지배하던 아랍세력은 아라비아 반도의 아바스왕조가 흔들리면서 많이 약해져 있었다. 945년 결국 아라비

• 우즈베키스탄 부하라에 있는 이스마일 사마니 영묘

아 반도는 부와이흐왕조Buwaih dynasty가 지배를 하였다. 그리고 페르시아에서는 사만왕조Samanid Empire가 창건되었다.

사만왕조는 조로아스터교를 버리고 이슬람으로 개종한
최초의 이란 왕조로서 의미를 갖는다.

사만왕조가 중앙아시아의 아랍세력을 무찌르고 이곳을 통치했을 때, 카를룩은 이들과 상업적으로 가까운 관계를 유지하였다. 이러한 교류과정에서 사만왕조는 이들 카를룩 투르크에게 이슬람으로 귀의할 것을 종용했다.

이 시기부터 중앙아시아에서 이슬람이 주요 종교로 정착되었다.

사만왕조가 쇠퇴를 하자 카를룩은 투르크 신생국가들을 세웠다. 신생국은 다음과 같다.

① 카라한Qara-khanids왕조. 카를룩이 세운 투르크 국가이다. 999년 사만왕조의 분열을 틈타서 중앙아시아 일대를 장악하였다. 그러나 1132년 동서로 분열되면서 동카라한은 거란족의 유민 지도자였던 야율대석(耶律大石)에게 멸망당하고 카라키타이Kara Khitai가 세워졌다. 서카라한은 사마르칸트를 중심으로 유지되어 갔다.

② 가즈나Ghaznavids왕조. 투르크계 국가이지만 카를룩과의 관계는 명확하지 않다. 사만왕조의 투르크계 노예출신 호위병 아부만수르 사북 테킨이 현재의 아프가니스탄 지역에 국가를 세웠다.

③ 셀주크Seljuk왕조. 카를룩이 중앙아시아로 남하하여 국가를 세울

때, 카스피해와 아랄해 부근에서 살던 투르크계 오구즈Oghuz부족도 이 지역으로 10세기 말에 남하하였다. 이들의 지배군주였던 야브구 yabghu의 휘하 장군들 중에서 셀주크는 11세기초 야브구를 무찌르고 독립을 선언하고 국가를 세웠다. 이것이 셀주크 왕조였다. 투그릴 벡 Togrul beg은 가즈나왕조와 전쟁을 치러 이들을 무너뜨리고 영토를 확장하였다.

④ **카라키타이.** 거란의 유민들로 야율대석이 지휘를 하여 동카라한을 무너뜨리고 정착하였다. 지배계급은 다른 국가들과 달리 비이슬람교도로서 모든 종교에 관대하였다. 1141년 사마르칸트 동쪽에서 셀주크왕조와 전쟁을 치러 이들을 무찔렀다. 이는 중앙아시아에 비이슬람 세력이 이슬람 세력을 지배하는 경우를 만들었다.

⑤ **호레즘샤**Khorezm-Shah**왕조.** 가즈나왕조의 투르크 노예용병들이 세

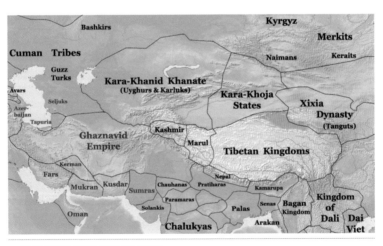

• 11세기 중앙아시아의 투르크계 왕국들

운 국가로서 호레즘 지역, 호라산 북쪽 그리고 아무다리야 일대에 거주하였다. 그들은 가즈나와 셀주크의 지배 하에서 벗어난 아누쉬테긴 가르차이Anushtegin Gharchai가 국가를 세우고 독립을 하였으나 바로 카라키타이의 지배에 들어갔다. 그러나 12세기 말 호레즘샤는 카라키타이를 물리치고 중앙아시아의 패자가 되었다.

당시의 중앙아시아 원주민은 투르크의 1차 남하로 민족적 동화가 '원주민 + 페르시아 + 투르크'로 형성되었다. 그러나 이러한 2차 과정을 거치면서 중앙아시아 원주민으로 투르크계가 우세를 점하기 시작하였다. 게다가 투르크계인 우즈베크가 15세기에 남하하면서 투르크계가 우즈베키스탄 주민 형성에 큰 부분을 차지하게 되었다.

5. 칭기즈칸의 침입과 지배

돌궐과 위구르가 멸망하고 난 후 중국변방은 세력의 공백기에 접어들었다. 탕구트, 거란, 위구르들이 군소의 반정착왕국을 형성하며 권력을 장악하려고 시도하고 있었다. 지금의 몽골에는 이들의 세력이 사라지고 없었다. 그들은 이 지역에 대한 관심도 가질 수 없는 상황이었다. 따라서 몽골 제국의 시작 단계에서 위 국가들의 간섭이 전혀 없었다. 이러한 외부 환경의 도움으로 테무친은 몽골고원을 통일할수 있었다.

몽골제국은 이전의 유목국가들과 같이 정착국가로의 진출을 서둘

렀다. 정치적인 것 보다는 경제적인 것이 더 컸다. 예전과 마찬가지로 정착국가는 유목국가로부터 말을 수입하였으며, 유목국가는 정착국가로부터 농산품과 비단을 받았다. 하지만 이러한 물물교환 방식의 무역은 언제나 유목국가에게 불리하게 이루어졌다. 이러한 불균형의 타파는 유목국가가 정착국가를 침략하게 만드는 명분으로 작용하였다.

언제인지 정확한 기록은 없으나, 중앙아시아를 차지하고 있던 호레즘샤 조정으로부터 몽골제국으로 사절단이 왔다. 이들은 단순히 몽골제국과 교역 가능성을 타진하기 위해 온 것이었다. 몽골 조정은 이들을 외교사신으로 인정하고 그에 합당한 대우를 해주었다. 또한 몽골제국에 있어서 교역은 바로 외교를 의미하였으므로 몽골귀족은 이들과 함께 호레즘샤를 방문하기로 하였다.

이 몽골사절단은 양 국가 간의 우호적인 통상관계를 수립하는데 분명한 목표를 가지고서 호레즘샤의 술탄을 만나러 길을 떠났다. 그들이 가지고 간 서신에도 칭기즈칸이 이들과 우호적인 관계를 바란다고 적혀있었다. 사절단이 오트라르에 도착했을 때, 뜻밖에도 그 지역의 통치관인 이날축이 그들을 감금시켜 버렸다. 그는 이들의 정체에 대해 관심이 없었으며, 단지 물품에만 흥미가 있었다. 그는 술탄에게 이 사실을 보고하였다. 술탄은 그들을 죽이고 소지품을 압수할 것을 명하였다.

페르시아 기록에 의하면 한 사람만 살려주고 나머지는 모두 처형되었다. 이때가 1218년 이전으로 추정된다.

세계 역사상 가장 어처구니없는 이 사건이 칭기즈칸을
서쪽으로 가도록 만들었다.

　칭기즈칸은 이에 항의하는 사절을 다시 파견하였지만 이들도 처형
당하고 한 명만이 수염이 깎인 채로 돌아왔다. 칭기즈칸은 너무나도
분노하여 이들을 정복할 것을 결심한다. 일반적으로 칭기즈칸은 서역
에 대한 정복을 생각은 하고 있었지만 완전한 의사는 없었던 것으로
분석되었다. 그러나 이러한 사건으로 말미암아 중앙아시아와 서역은
그의 정복을 받아야만 했다. 칭기즈칸은 초기에 호레즘샤에 대한 공
격만으로 그 범위를 한정하였다.

　칭기즈칸은 큰 저항을 받지 않고 아무다리야 지역까지 진출하였고,
1219년 여름 오트라르를 공격하였다. 이를 시발점으로 몽골군은 부
하라와 사마르칸트를 계속해서 정복했다. 그들이 정복하고 지나간
자리에는 처참한 복수극이 일어났다고 전해진다. 이러한 몽골군의
잔인한 복수극은 소문이 퍼져 대부분의 호레즘샤 군대는 항복을 택
하였다.

　1220년 봄에 사마르칸트를 점령한 후 몽골군은 호레즘샤의 술탄
알라 아딘 무하마드Ala ad-Din Muhammad(1169~1220)를 추격하기에 박차
를 가했다. 그가 거쳐간 도시를 따라서 제베Jebe와 수부타이Subutai 휘
하의 몽골군이 추적을 전개하였다. 당연히 그 도시들은 처참하게 파
괴가 되었다.

　이 과정에서 몽골군은 이란, 이라크, 아르메니아까지 추적을 계속하

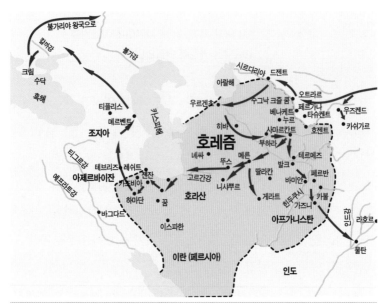

· 몽골의 호레즘샤 침략

였다. 술탄군은 동맹국으로부터 버림을 받고 부하들마저 떠나버려 카스피해의 아스타라바드Astarabad(현재 이란의 고르간Gorgan)에 위치한 조그만 섬에서 최후를 마쳤다.

이 기간에 칭기즈칸은 사마르칸트에 남아 이 지역을 정비하였다. 그는 그 지방의 원주민 관리들을 이용하여 정복지의 행정조직을 정비하였다. 칭기즈칸은 현재의 우즈베키스탄과 아프가니스탄 국경지역인 테르메즈를 정복하고 겨울을 그곳에서 보냈다.

몽골군은 이 지역에 엄청난 공포를 가져왔다. 투르크계가 압도적으로 많았던 무슬림군대는 몽골군에게 효과적으로 저항을 하지 못했다.

우즈베키스탄의 역사

과거의 유목민들은 성을 제대
로 공격을 하지 못하였지만 몽
골군에게 성은 아무런 문제도
되지 않았다. 결과적으로 이들
은 몽골군에 대한 방어책을 만
들어 내지 못하였던 것이다.

• 우즈베키스탄 25숨 화폐에 새겨진 잘랄 알딘

호레즘샤의 술탄 아들인 잘

랄 알딘Jalal ad-Din Mingburnu(1194~1231)은 몽골군에 저항하기 위해 군
대를 조직하였다. 몽골군은 이를 제거하기 위해 반격을 가하면서 전
체 중동지역을 침입하여 정복하게 되었다. 이러한 보고를 들은 칭기
즈칸은 현재 아프카니스탄의 발흐Balkh를 완전히 황폐화시켜버리고
여기서 몽골군을 두 개의 부대로 나누어 조직하였다. 한 부대는 칭기
즈칸이, 다른 부대는 아들 톨루이Tolui가 맡았다. 톨루이는 페르시아의
호라산으로 내려갔으며, 칭기즈칸은 메르브로 내려갔다. 계속해서 니
샤푸르, 헤라트Herat가 파괴되었다. 이러한 과정에서 조금이라도 몽골
군에 저항을 한 도시는 무자비한 보복을 당했다. 니샤푸르는 도시 전
체의 생존자가 한 명도 없을 정도로 잔인하게 살육하였다.

중앙아시아와 페르시아 지역의 무슬림 군주들은 몽골군의 침입을
단순한 유목민족의 약탈침략으로 인식하고 있었다. 따라서 잘랄 알딘
은 저항군을 조직하는데 큰 어려움을 가졌다. 1222년경 그는 지금의
아프가니스탄 파르반Parvan에서 6만 명의 혼성군대를 조직하였다. 여
기서 몽골군은 처음으로 패배를 당했다. 그러나 이 전투를 계기로 잘

랄 알딘 군대는 노획물을 둘러싸고 분열이 일어났다. 칭기즈칸이 이러한 과정에서 보복전을 하리라고 예상한 잘랄 알딘은 인도로 도피하고자 했다. 실제로 칭기즈칸은 보복전을 위해 자신의 부대와 다른 부대를 다시 합세시켜 그를 추적하기 시작했다. 몽골군은 가즈나를 지나 인더스에서 그와 조우를 한다. 현재의 파키스탄 칼라바그Kalabagh에서 일어난 전투에서 몽골군은 많은 피해를 입었지만 결국 이들을 무찔러 버렸다. 잘랄 알딘은 고작 10명의 군사를 거느리고 인더스강을 도하하였다. 이때 칭기즈칸은 본토에서의 탕구트의 배반을 전해들은 것으로 추정된다. 칭기즈칸은 사마르칸트에서 몽골에 이르는 길을 따라서 1224년경 몽골로 귀환하였다.

한편, 제베와 수부타이는 중동지역으로 다시 방향을 전환하였다. 그들 앞에는 어떠한 장애물도 없었다. 그런데 이들은 바그다드를 제쳐두고 코카사스 지역으로 진입하였다(그들이 왜 갑자기 코카사스 지역으로 방향을 돌렸는지는 아직 밝혀지지 않은 상태이다). 이들은 코카사스를 횡단하여 킵차크 스텝으로 들어가 킵차크와 러시아 연합군을 무찔렀다. 여기서 획득한 전리품을 가지고 사마르칸트로 귀환하여 1223년 겨울을 이곳에서 보냈다.

칭기즈칸의 후계자 오고타이Ogodei는 중앙아시아와 중동을 재침략하였다. 칭기즈칸이 이미 이 지역을 보복 공격하여 정복했으나 그가 떠난 후 이 지역은 몽골의 지배에서 벗어났다. 특히 잘랄 알딘은 페르시아를 배경으로 세력을 키워 나갔다. 1228년 인도에서 돌아온 잘랄 알딘은 몽골군과 소규모 전투를 치렀다. 그 중에서도 이스파한

Isfahan 부근에서 그는 3천 명의 몽골군을 무찌르고 4백 명의 포로를 잡았다. 그는 이러한 승전을 축하하기 위해 몽골 포로들을 길거리로 끌고 다니며 죽였다.

이러한 학살 소식을 들은 오고타이는 초르마간Chormaghan에게 잘랄 알딘을 제거하라고 명하였다. 몽골군은 인도로 통하는 길을 차단시키고 그를 추격하였다. 이후 호레즘샤는 완전히 사라졌다.

6. 차카타이칸국

쿠빌라이 시대가 시작하면서 유라시아 대륙은 4칸국(일칸국, 킵차크

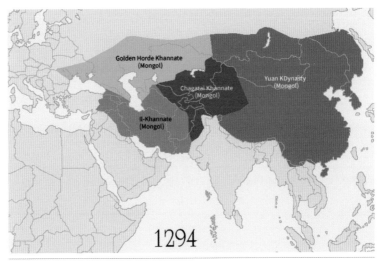

• 몽골제국의 4칸국

칸국, 차가타이칸국, 원)으로 나누어져 각각의 독자적인 국가로서 유지되었다.

차카타이칸국은 몽골제국에서 진정한 의미로 중앙에 위치하였고 유일하게 순수한 유목국가로 남았다. 통치자의 이름을 따서 불린 차가타이칸국은 현재의 중앙아시아 5개국과 동투르키스탄을 지배하였다. 차가타이칸국의 기본노선은 도시화와 정착화에 있는 것이 아니었다. 차가타이칸국은 주민 대다수가 투르크인들이었다.

> 몽골제국 중에서 중앙스텝을 제외하면 차가타이칸국이 피정복지의
> 원주민과 동일한 전통을 가지는 유일한 국가였다.

그리하여 이러한 유사한 전통에 의해 몽골인이 투르크화 되는데 영향을 미쳤다. 여기서 창조된 언어가 '차가타이 투르크어'이다. 유목민의 전통이 고수되었던 이 지역에서는 역사적 기록을 많이 남기지 않아서 이 시대의 역사를 연구하는데 어려움을 주었다.

타르마시린Tarmashirin은 차가타이칸국의 마지막 칸이었다. 그는 인도 델리 술탄국과 일칸국을 침범하였는데 크게 패배한 후 1334년 차가타이칸국은 분열되고 말았다. 그는 칸국 최초로 이슬람을 국교로 채택하고 스스로 개종하였지만 무모한 군사작전으로 내란을 유발시켜 칸국을 모굴리스탄Moghulistan과 트랜스옥시아나Transoxiana 두 개로 분열시켰다.

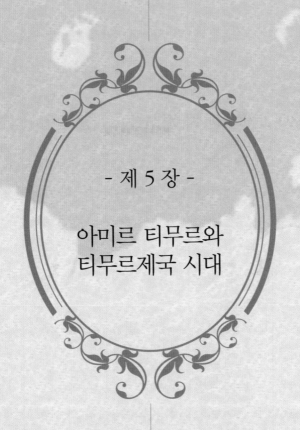

- 제 5 장 -

아미르 티무르와
티무르제국 시대

1. 재중앙아시아 몽골동포 아미르 티무르

중앙아시아는 몽골에 의해 정복되면서 칭기즈칸의 둘째 아들인 '차카타이'에 의해 통치되었다. 이후 그의 이름을 따서 차카타이칸국이 세워지면서 본격적인 몽골제국의 지배체제가 구축되었다. 몽골제국은 식민지를 원활하게 통치하기 위해 일부 몽골의 귀족계층을 식민지로 이주시켰다. 그리고 그들을 따라서 몽골인들이 유입되면서 현지의 피지배 주민들을 통제하였다.

시간이 흐르면서 중앙아시아에는 재(在)차카타이칸국 몽골동포들이 생기게 되었다. 다시 말하면, 몽골인이지만 중앙아시아에서 태어난 자들을 의미한다. 문제는 세대가 내려가면서 이주 1세대와 2, 3세대 간에 의식이 달라지는데 있었다. 이주 1세대들은 고유의 민족정체성을 유지하는 경향이 강하다. 모국어, 풍습, 결혼 등에 있어서 전통을 고집했다. 그러나 그들의 차세대들은 현지화 과정을 겪게 되면서 고유의 정체성을 잃어버리기도 했다. 특히 소수의 지배자 몽골인이 다수의 현지 주민들을 상대로 살아야 하는 과정에서 이주 2, 3세대들은 자신의 고유한 정체성을 잃어버리기 쉽다. 몽골인은 유라시아의 식민지에서 이러한 경험을 하게 된다.

세대가 내려가면 갈수록 현지의 문화에 동화되어 자신의 정체성을 잊어버리게 되는 경우가 발생하였다. 예를 들면, 몽골제국의 멸망기에 당시의 통치자인 몽골인들은 대다수 중국의 문화에, 이슬람의 문화에 동화되어 있었기 때문에 자신의 모국인 몽골로 철수하는 것을 두려워 하였다. 유목제국이 가지는 한계이다.

말에서 내려온 몽골인들은 더이상 유목민이 아니었다. 일단 내려오면 거주국의 문화에 동화되어 정착인으로 살았으며 유목적 전통에 가치를 부여하지 않았다. 독립한 거주국 주민들에게 보복을 당하는 것이 차라리 편하다고 인식하였다. 실제로 원이 멸망하면서 중국문화에 동화된 몽골인들은 모국인 몽골초원으로 돌아가지 않았다고 한다. 아미르 티무르가 출생했을 때는 이미 이러한 과정이 중앙아시아에서 고착되고 있었다.

몽골의 전통을 지키는 몽골인과 정주문화에 동화된 몽골인

탁월한 무력을 바탕으로 이 지역을 통치하였던 차카타이칸국이 사라지면서 몽골인만의 권력 쟁탈전이 전개되었다.

대표적인 집단들은 자트Jat와 카라우나스Qaraunas로 불렸다.

전자는 몽골의 전통을 유지한 집단이며 후자는 식민지 문화인 이슬람과 중앙아시아로 이주하여 재정착에 성공한 투르크민족들과 동화된 집단이었다. 따라서 전자는 몽골어를 중심으로 유목적인 전통을

• 소비에트연방의 고고학자
게라시모프(Mikhail Gerasimov)가 1941년에 티무르의 관을 열고
그의 해골로 얼굴을 복원하고 있는 장면

• 점토로 복원된 티무르의 얼굴

고수하였으나 후자는 이슬람으로 개종하고 투르크어를 구사하였다.

이러한 구분은 지역적으로도 나타난다. 전자는 현재의 카자흐스탄 남부지역에 주로 거주하였으며 후자는 중앙아시아에서 이슬람이 가장 발달하고 투르크인이 대부분 거주하는 현재의 우즈베키스탄을 무대로 활동하였다.

그러나 무엇보다 아미르 티무르가 출생할 당시에 세력 구도는 자트 집단이 주도하는 모골리스탄에 있었다. 투글룩 티무르Tughlugh Timur(1312/134~1363)가 통치하였던 이 국가는 차카타이칸국의 계승 국가로 부상하였다.

카라우나스 집단은 동투르키스탄에 세운 모골리스탄에 거주하는 자르트 집단을 도둑이라고 불렀으며, 반대로 자르트 집단은 투르크화된 그리고 반(半)유목생활을 하는 카라우나스 집단을 잡종이라고 비아냥거렸다.

같은 뿌리를 둔 서로 다른 몽골지배 집단의 충돌은
중앙아시아를 혼란으로 몰고 갔다.

이런 상황에서 현재 우즈베키스탄의 두 번째 도시인 사마르칸트 부근의 케쉬Kesh(현재는 샤흐리사브스Shakhrisabz)라는 작은 마을에서 아미르 티무르가 1336년 4월 9일 탄생하였다.

2. 책을 읽는 몽골인

아미르 티무르의 가문은 몽골의 귀족인 바를라스Barlas계이다.

이 가문은 전통적으로 전쟁으로 잔뼈가 굵어진 전사를 배출해왔다. 이러한 집안의 내력으로 인해 바를라스계는 칭기즈칸의 몽골 통일에 기여하여 황금씨족Altan Urugh으로 인정받았으며 이후 중앙아시아를 통치하라는 명령을 받고 이주를 했다.

그러나 14세기에 들어서면서 바를라스계는 차카타이칸국의 14대 통치자인 케벡칸에게 저항하였다가 역적으로 몰려 가문이 몰락하고 말았으며, 결국 변방의 한직으로 쫓겨나고 말았다.

아미르 티무르는 이미 몰락한 역적의 가문에서 출생하였다.

당시에 바를라스 가문을 이끌고 있었던 자는 그의 아버지인 '타라가이 바를라스'가 아니라 그의 작은아버지인 '하지 바를라스'Hajji Barlas였다. 아미르 티무르의 아버지는 이슬람의 수피즘에 심취하여 속세의 출세를 위해 야망을 키우지 않았다. 오히려 그의 동생인 하지 바를라스에게 집안의 미래를 부탁하였다. 이러한 상황에서 아미르 티무르는 유년시절에 삼촌인 하지 바를라스의 끊임없는 견제에 시달려야 했다. 유목 사회의 권력 다툼은 실제로 삼촌과 조카 사이에서 빈번하였다. 이를 익히 잘 알고 있는 하지 바를라스는 그의 미래 정적을 제거하려고 출생 자체를 막으려고 하였으나 실패하고 말았다. 그는 분을 삼키며 어디선가 태어날 조카의 출생을 기다려야 했고 이후에도 끊임없이 아미르 티무르를 견제하였다.

아미르 티무르는 몽골인의 혈통을 가지고 있었지만 태어나고 성장하면서 이미 몽골제국 이전에 중앙아시아에 정착하여 이슬람으로 개종한 투르크인들의 영향을 받았다. 그의 정체성을 한 문장으로 나타내면 '위대한 몽골제국의 후손이자 투르크화된 몽골인'이다.

유라시아사 연구의 거장이자 『유라시아 유목제국사』의 저자인 르네 그루세Rene Grousset는 아미르 티무르의 혈통을 투르크로 분석하였다. 그가 몽골 혈통이라고 알려진 것은 자신과 그의 후손들이 조작한 것이라고 주장하였다. 특히 르네 그루세는 아미르 티무르의 혈통이 투르크이기 때문에 중앙아시아의 지배집단인 몽골에 대항한 투르크의 저항에 아미르 티무르가 중심이라는 대결구도가 가능하다고 가정하였다.

그러나 현재 우즈베키스탄의 역사학자들마저도 아미르 티무르의 혈통적 정통성을 몽골에 두고 있기 때문에 르네 그루세가 주장한 아미르 티무르와 그의 후손들이 의도적으로 몽골의 혈통과 자신들과의 연관성을 허위로 조작했다는 것은 한번 더 생각해 볼 문제이다.

특히 아미르 티무르를 알현한 이븐 할둔Ibn Khaldun과 스페인의 사신 클라비호Clavijo는 그를 '차카타이인'으로 지칭하였으며, 아미르 티무르의 전기를 저술한 이븐 아랍샤흐Ibn Arabshah는 그의 의식구조가 칭기즈칸의 전통에 뿌리를 두고 있다고 명시하였다.

아미르 티무르의 아버지는 이슬람으로 개종한 최초의 몽골귀족으로 유명한 카라차르 노욘Qarachar Noyon의 손자였다. 그는 군사적으로 출세를 할 수 있었지만 자신의 아버지, 즉 아미르 티무르의 할아버지인 바르쿨Burkul과 같이 속세를 떠나 은둔생활을 하며 자신의 종교인 수피즘에 중심을 두었다.

바르쿨은 하나피파의 호라즈미Abd aljabbar Khwarazmi를 종교적 지도자로 존경하였으며, 이는 아미르 티무르 가문이 이슬람 지도자들과 인연을 맺게 하는데 중요한 역할을 하였다.

이러한 과정은 나중에 아미르 티무르가 수피즘의 대가이자 종교지도자인 사이드 바라카Sayyed Barakah와 관계를 가지는데 결정적인 역할을 하였다. 따라서 아미르 티무르는 다른 몽골인들보다 수월하게 이슬람을 접하게 되었으며 나중에 이슬람을 자신의 힘으로 활용하는데 이러한 배경이 도움이 되었다.

**아미르 티무르는 자신의 생애에 어려운 일이 닥치면
항상 코란을 찾았다고 한다**

아미르 티무르는 7살이 되던 1343년 여름 고향을 떠나 카르시Qarshi 로 유학을 떠났다. 그는 친척인 하지 알림의 집에서 약 5년 동안 기거하며 학교에서 읽기, 쓰기 그리고 역사 등을 배웠다. 하지 알림은 수없이 질문을 하는 아미르 티무르에게 친절하게 답변을 해 주었다.

아버지의 영향으로 이슬람을 믿고 독실한 무슬림으로 성장한 아미르 티무르는 유년시절에 익힌 몽골어, 페르시아어, 투르크어를 바탕으로 독서에 관심을 두었다.

3. 티무르의 중앙아시아 통일전쟁

모골리스탄의 군주 투글룩 티무르는 1360년에 서투르키스탄에서 발생했던 정치상황을 이용해서 그곳을 자신의 지배하에 두려고 노력하였다. 그는 거침없이 카시카다리야로 진격했다. 그때 카시카다리야 지역의 통치자이며 아미르 티무르의 작은아버지인 호지 바를로스는 투글룩 티무르에 대항하다 달아났다. 아미르 티무르는 작은아버지의 지역을 얻어낼 목적에서 투글룩 티무르의 신임을 얻으며 그 지역의 대리통치자로 임명되었다. 그런데 작은아버지가 다시 이 지역에 나타나서 아미르 티무르를 잡아서 가두고 재차 정권을 잡게 되었다. 그러자 투글룩 티무르가 다시 한번 공격을 해 와서 호지 바를로스를 쫓아냈고, 호라산 지역까지 달아났던 그는 그곳에서 최후를 맞이했다.

이에 투글룩 티무르는 그의 아들인 일리야스 호자Illyas Khoja를 서투르키스탄 통치자로 임명했다. 쫓겨날 위기에 빠진 아미르 티무르는 발흐의 통치자인 아미르 후세인Amir Husain과 동맹을 맺었다.

아미르 티무르는 후세인의 친척인 올자이 투르한 아가Oljay Turkhan Agha와 결혼을 하면서 그들의 연맹은 친족관계로 인해 더욱더 돈독해졌다. 아미르 티무르는 우선 내부에서 권력을 다잡아 놓은 후 몽골제국의 후손들과 전쟁을 하면서 세력을 넓혀 갔다. 이 과정에서 세이스탄Sistan에서 발생한 전쟁들에서 아미르 티무르는 손과 다리에 부상을 입었으며, 이후 평생 절름발이로 살게 되었다.

1363년 투글룩 티무르가 죽은 뒤 아미르 카마루진이 원정을 나가 있는 일리야스 호자에게서 왕위를 빼앗아 옥좌에 올랐다. 그해에 아미르 티무르는 아무다리야 서쪽 강변에 위치한 쿤두즈Kunduz 부근에서 몽골인들과 첫 전투를 하여 승리를 거두었다. 그후 계속적으로 몽골군을 추적했다. 몽골인들도 또한 서투르키스탄을 쉽사리 내주려고 하지 않았다.

투글룩 티무르 사후 서투르키스탄에서 추방당한 일리야스 호자는 1365년 대부대를 이끌고 시르다리야 정벌에 나섰다. 후세인과 티무르는 일리야스 호자를 상대로 재빨리 전투 준비를 하였다. 그들 사이의 전투는 그해 5월 22일에 치노스와 타슈켄트 사이에서 발생했다. 전투 기간 중 폭우가 내려 모든 곳이 진흙탕이 되었기 때문에 역사적으로 '진흙탕 속 전투'라고 불리고 있다.

전투에서 티무르는 적의 우측을 공략해 나가며 적의 진지를 치고 들어가면 우측에서 후세인의 부대가 공격을 해서 서로 도우며 싸우자고 작전을 세웠는데 후세인이 좌측에서 공격을 하다가 열세를 느끼고는 바로 포기하고 도망을 치는 바람에 군대가 거의 전멸하는 광경을 직접 자신의 눈으로 봐야만 했다.

'진흙탕 속 전투'에서의 패배는 적에게 서투르키스탄, 특히 그곳의 중심도시인 사마르칸트로 가는 길을 열어 주었다. 하지만 또다시 몽골인들의 지배를 받게 된 사람들은 뼛속 깊은 곳에서 몽골인들을 물리쳐야 겠다는 생각을 하고 있었다.

자신의 승리에 도취해 있던 일리야스 호자는 뜻하지 않게 '사르바도르'Sarbador라고 불린 세력에게 일격을 당했다. 이들은 몽골지배와 지방봉건제에 대항하여 일어난 농민, 수공업자, 장로, 그리고 노예들로 구성되었다.

사르바도르를 중심으로 사마르칸트 사람들이 일리야스 호자를 상대로 전쟁에서 승리한 이야기는 후세인과 티무르에게도 전해졌다. 티무르는 겨울을 카르시에서 후세인은 아무다리야에서 보냈다.

하지만 사르바도르들은 사마르칸트를 제대로 지배하지 못했다. 그들에게는 왕족의 피가 흐르지 않고 있기에 사람들은 그들을 지배자로 인정하지 않으려고 했다. 주민들의 불만이 쌓이기 시작하였다. 그런

소식을 들은 후세인과 티무르는 1366년 봄에 사르바도르를 진압하기 위하여 여정을 떠났다.

그들은 사마르칸트 부근에 본대를 멈추어 서게 했다. 후세인과 티무르는 사르바도르 지도자들에게 만나서 이야기할 것을 요청했다. 자신들에게 해를 끼칠 것이라는 것을 알고 있는 사르바도르 지도자들은 처음엔 꺼렸지만 몽골의 피를 가지고 있는 왕의 혈통을 이어받은 두 사람을 만나기로 하였다. 그리고 다음날 사르바도르의 지도자들은 무장을 안 한다는 조건으로 후세인과 티무르의 거처로 갔지만 약속을 지키지 않은 후세인과 티무르에게 살해를 당한다. 후세인과 티무르는 주민들의 동의를 얻어서 사마르칸트로 입성한다.

서투르키스탄에서 후세인의 지배가 확고해지는 반면 티무르의 위치는 점점 좁아졌다. 처음에는 개의치 않았지만 권력 앞에서 후세인과 티무르의 관계가 점점 나빠졌다. 결국 1369년에 카르시에서 티무르와 후세인이 일전을 벌였고, 패전한 후세인은 발흐로 도망을 쳤다. 1370년 발흐를 공격한 아미르 티무르는 후세인의 목숨 구걸 편지를 받고 처남이었던 그를 살려주지만 다른 사람에 의해서 후세인은 죽임을 당했다.

• 티무르의 발흐 입성(1370년)과 사신을 만나는 티무르. 15세기에 미르흐반다가 쓴 책 속의 그림.

이 사건 이후 티무르의 위치는 높아갔다. 그해에 발흐에서 열린 군 지휘자들 모임에서 티무르의 통치가 공식적으로 결정되었다. 서투르키스탄의 새로운 지배자가 된 티무르는 자신의 국가를 정치적, 경제적 관계에서 강화시키려고 했다.

4. 아미르 티무르가 원정을 고집한 이유

중앙아시아의 새로운 지배자가 된 아미르 티무르는 자신의 국가를 정치적, 경제적으로 강력하게 만들려는 구상을 하였다.

그는 먼저 외부 세력의 침입에 대항할 강력한 수도가 필요했다. 이러한 목적을 이루기 위해 아미르 티무르는 사마르칸트를 선택하였다. 여기에 그는 도시의 성벽, 요새 그리고 성을 세우기 시작했다. 이 건축물들은 고대 소그드 수도가 몽골제국에 의해 잿더미가 된 후 150년이 지나서야 복구되는 영광의 상징이었다. 아미르 티무르는 자신의 조상들에 의해 폐허가 되다시피 한 이 도시를 후손인 자신의 손으로 다시 만들고 싶었다.

아미르 티무르가 사마르칸트를 수도로 결정한 것은 이 도시가 가지는 역사적 의미를 그가 일찍이 파악했기 때문이다. 사마르칸트는 실크로드의 중간 기착지이자 유라시아의 허브였다. 이곳이 번창하면 중앙아시아 전체가 경제적으로 안정감을 되찾았으며 유라시아대륙 역시 경제성장의 혜택을 누렸다. 반대로 이 도시가 제 기능을 하지 못하면 중앙아시아의 경제와 유라시아대륙의 경제가 침체되었다. 아미르 티무르의 꿈을 실현하기 위해서는 사마르칸트를 살려서 막대한 부를 추구해야만 했다. 이를 바탕으로 군사력을 향상시킬 수 있었으며 국제무역에서 위상을 높일 수 있었다.

그러나 아미르 티무르 집권 당시에 실크로드 무역은 거의 침체되어 있었으며 각 지역마다 신흥국가들이 정치적 과도기를 맞이하느라 무역로에 대한 관심을 두지 못하고 있었다. 비록 원(元)이 중심이 되어 동북아 지역은 안정을 찾고 있었으나 몽골제국의 칸국들이 잇따라 멸망하게 되면서 과거와 같은 막대한 세수와 대규모 무역이 줄어들었다.

게다가 마지막으로 남은 킵차크칸국은 실크로드를 배제한 초원의 길을 따라 무역을 독점하고 있어서 부의 불균형이 심화되었다. 그러나 이것마저도 모스크바공국의 강력한 저항이 시작되면서 세수와 무역의 규모가 불안정했다.

서쪽에서는 오스만투르크가 건국되어 실크로드 무역을 원하는 서유럽 국가들에게 위협을 가했기 때문에 유라시아대륙 전체의 경제규모와 성장은 현저하게 떨어졌다.

아미르 티무르는 당시의 국제정세를 파악하여 새로운 도전을 감행해야만 했다.

위대한 선조 칭기즈칸이 이루었던 실크로드의 통일이 필요했다.

아미르 티무르의 정복여정은 바로 실크로드의 소통을 위한 것이었으며 나아가 유라시아대륙 전체의 통일을 이룩하여 과거의 몽골제국이 건설한 하나의 유라시아를 꿈꾸는 것이었다. 결과적으로 죽어가는 유라시아의 심장을 살리는 것은 유라시아대륙의 모든 통치자들이 달성하고자 했던 마지막 관문이었다.

아미르 티무르의 역사적 목표는 과거 칭기즈칸의 길이었다. 그러나 사마르칸트가 항상 중심이 되어야 한다는 생각은 변함이 없었다. 몽골제국은 비록 위대한 제국을 건설하였지만 중심이 없었다. 만약 제국의 수도가 유라시아대륙의 중앙에 건설되었다면 상황이 달라졌을 것이다.

쿠빌라이가 원을 건국하고 원경(현재의 북경)을 수도로 정하여 유라시아의 중심지 역할을 하였으나 서부의 정세가 불안정해지면서 타격

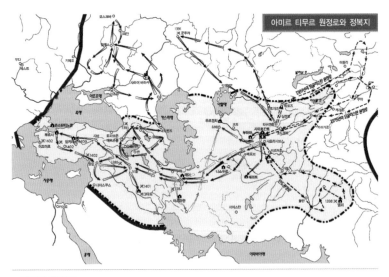

• 티무르 원정도

을 받는 취약한 지리적 문제를 가지게 되었다. 각 칸국들은 일정한 수도가 없는 경우도 있었으며 비록 있었다고 하더라도 통치와 정치의 중심지로서 기능만 담당하였다.

아미르 티무르는 사마르칸트의 지리적 이점을 잘 파악하고 있었다. 그는 왜 몽골제국이 이 도시를 과거의 영광만큼 살리지 못하고 죽였는지 이해할 수 없었다. 심장은 중앙에 있어야 안정감을 가진다. 마찬가지로 유라시아의 심장은 대륙의 가운데 위치해야 한다. 그곳이 바로 사마르칸트였다. 이미 이 도시는 심장의 기능을 해왔기 때문에 새로운 것이 아니었다. 단지 폐허가 되어버린 인프라를 복구하는 것이 당면 과제였다. 이를 위해서는 심장을 살려야 했으며 실크로드의 복원이 무엇보다 중요했다. 이러한 이유로 아미르 티무르는 인류 역사상 전무후무한 국제전을 치르기 위해 대원정을 감행한다.

5. 170일 국제전 연승 신화

티무르에게는 방종한 지방 지배자들의 침입에 대항할 강력한 수도가 필요했다. 이러한 목적을 이루기 위해 그는 1370년 사마르칸트로 갔다. 여기에다 그는 도시의 성벽, 요새 그리고 성을 세우기 시작했다.

이 건축물들은 고대 소그드 수도가 몽골에 의해 잿더미가 된 후 150년 지나 첫 번째로 창조된 건축물들이다. 다음에 그는 무력해진

국가에 법과 질서를 도입했다.

티무르는 초기에 자신에게 강력한 지지를 세우려는 목적으로 바를라스계 출신들을 바탕으로 특별한 군대를 조직했다. 그는 이들에게 큰 특권을 부여했다.

1372년 티무르는 호레즘으로 첫 번째 원정을 갔다. 호레즘인들은 패배를 하는 한이 있더라도 그에게 복종하지 않았다. 이러한 이유로 인해 티무르가 호레즘을 완전히 장악하는데 8년이 걸렸다.

1380년에 티무르는 이란의 북부인 호라산 지역으로 떠났다. 1381년에 티무르는 이곳의 가장 중요한 지역인 헤라트를 정복했다. 그는 유명한 학자들을 사마르칸트 남쪽 60km 지점에 있는 샤흐리사브스Shahrisabz로 보냈으며, 많은 조공을 부과했다.

반면에 그 시대에 학문과 예술의 중심지라고 여겨진 투스Tous, 니샤푸르Neyshabur 그리고 사브제바르Sabzevar와 같은 도시들은 전쟁을 하지 않고 항복했다. 왜냐하면 자신의 도시가 폐허가 되는 것을 원하지 않은 호라산인들은 자발적으로 도시의 출입문을 정복자 군대에게 열어주었다. 그리하여 전 호라산은 티무르 지배에 놓였다. 티무르의 이란 원정은 이것으로 끝나지 않았다.

1383년에 티무르는 세이스탄Sistan 그리고 발루치스탄Balochistan을 정복하면서 이란의 남쪽과 서쪽지역으로 군사를 이끌고 나갔다. 당시 이란에는 남부에 무자파르왕조Muzaffarid dynasty가 그리고 지금의 이라크와 아제르바이잔에는 잘라이르왕조Jalayirid Dynasty가 있었다.

1387년 무자파르왕조는 티무르에게 자발적으로 전쟁 없이 항복했다. 그러나 잘라이르왕조의 술탄 아흐메드는 자신의 쿠르드 기마병과 아제르바이잔인 병사로 구성된 군대를 가지고 티무르에게 대항했다. 그러나 그는 전쟁에서 패하고 바그다드로 퇴각했다. 그후 티무르는 아라스Aras강을 건너 한 번의 정벌로 코카사스 전체를 자기에게 복속시켰다.

티무르군대는 나히체반Nakhichevan, 시르반Sirvan 그리고 트빌리시Tbilisi로 조용히 잠입했다. 길란Gilan을 정복한 후 지금의 아르메니아를 지나 유명한 반Van 요새를 정복했다.

1392년에 티무르는 아스트라바드Astrabad 지역을 손에 넣고 심한 전투를 치른 후 이란 산악지대의 주요 도시인 아몰Amol, 로리스탄Lolistan,

• 티무르의 이집트 원정.
베흐자드(Kamaleddin Behzad) 그림.

• 티무르의 조지아 원정.
베흐자드(Kamaleddin Behzad) 그림.

후제스탄Khuzestan을 차례로 제패했다.

티무르는 아제르바이잔을 완전히 지배하기 위해서 대부대를 이끌고 몇 번의 원정을 해야만 했다. 결국 1397년에 전체 아제르바이잔은 티무르에게 항복을 했다.

1382년 티무르는 킵차크칸국으로 갔다. 그 당시에 이곳에는 금호르드와 백호르드 두 개의 독립된 정부가 있었으며, 그들 사이에 강한 충돌이 계속 일어나고 있었다. 이때 티무르는 백호르드 칸의 자손들 중 토크타미시Tokhtamysh에게 군사적 원조를 제공했다.

1379년에 토크타미시는 티무르의 지원으로 백호르드의 왕좌에 오를 수 있었다. 그러나 토크타미시는 처음엔 백호르드를 나중엔 금호르드를 지배한 후 독립정치를 실행하면서 티무르에게 대항하기 시작했다.

킵차크칸국의 새로운 통합과 강화, 토크타미시의 제국주의 정치는 서투르키스탄에 세워진 티무르왕조에 매우 위험하였으며, 티무르의 활동에 방해가 되었을 뿐만 아니라 그에게 계속적인 위협이 되었다. 이런 위험을 정리하기 위하여 티무르는 1389년, 1391년 그리고 1394~95년 3차례 큰 원정을 했다. 티무르는 토크타미시 군대를 완전히 패퇴시켰다.

1398년 5월에 티무르는 9만의 병사를 이끌고 아무다리야를 지나 인도로 진격하였다. 8월에 카불을 점령한 후 인더스를 지나 델리에 도달했다. 델리 부근에서 발생한 전투는 티무르의 수년간 원정에서 가장 힘들고 많은 손해를 본 전투로 평가되었다. 이러한 군사충돌에

델리 지배자 술탄 마흐무드는 적에 대항하기 위하여 군사용 코끼리를 사용했다. 티무르의 병사들은 못이 박힌 판자를 코끼리가 지나갈 길에 던져놓고 매복하였다.

코끼리가 못을 밟고 괴로워하는 순간에 티무르 병사들은 출몰하여 코끼리의 코를 칼로 베었고 데리고 온 낙타와 야크를 통해 코끼리 공격을 격퇴시켰다. 코끼리 부대가 무너지면서 인도 군대의 대오가 흐트러졌다. 1399년 초에 티무르는 만 오천의 병사와 함께 델리로 들어갔다. 풍부한 전리품과 함께 숙련된 건축가와 수공업자를 사마르칸트로 보냈다. 남은 것들은 재상과 군대 지휘관들에게 주었다.

티무르는 1400년 여름에 시리아로 원정을 떠났다. 먼저 알레포와

• 티무르의 인도원정,
샤리프 앗 딘 알리 야즈디(Sharaf Al-Din 'Ali Yazdi)의 자파르나마(Zafarnama) 속의 삽화

• 코끼리 부대

• 코끼리를 제압한 판자

• 포로가 된 바예지드를 바라보는 티무르, 스타니슬라프 흘레보브스키(Stanislav Khlebovski)의 그림(1878년)

베이루트를 점령하고, 1401년 초에 한 달 동안의 전쟁 후 다마스쿠스도 항복했다. 티무르는 오스만투르크의 술탄 바예지드Bayezid 1세에게 먼저 전쟁을 선포했다.

술탄 바예지드는 발칸반도를 정복하려고 노력하고 있었다. 그는 1396년 9월 25일 니코폴Nikopol 부근에서 유럽의 7만 연합군에게 타격을 주었다. 그 후 술탄 바예지드는 콘스탄티노플을 포위하여 비잔틴에 자신의 지배력을 키웠다. 이 사건 이후 전 동유럽이 위험에 빠졌다.

바로 이 시점에 티무르는 소아시아반도에 오스만투르크 술탄 바예지드에 대항하여 원정을 시작하였다. 유라시아의 강력한 신흥 세력인 오스만투르크와 기존의 맹주였던 티무르가 일전을 준비하였다.

우즈베키스탄의 역사

티무르와 바예지드의 전쟁은 1402년 7월 28일 앙카라 부근에서 일어났다. 이 전쟁은 전쟁사에 '앙카라전투'라고 알려져 있다. 전투에는 양측 통틀어서 전쟁에서 잘 단련된 40만 명의 병사들이 참가하였다. 누가 승리할지 어느 누구도 장담할 수 없었던 전쟁을 티무르가 너무나도 쉽게 이겼다. 술탄 바예지드는 포로로 잡혔다. 티무르는 이 전투의 승리로 인해 소아시아 반도를 점령하였으며 에게해까지도 영향력을 확보할 수 있었다.

바예지드로부터 거둔 승리와 함께 프랑스의 왕 칼 6세, 영국의 왕 헨리 4세 그리고 비잔틴 제국이 티무르에게 축서를 보냈다. 유럽을 매우 위협했던 제국에게 타격을 가한 티무르는 유럽의 입장에서는 생명의 은인이나 다름이 없었다.

1404년 5월에 티무르는 소아시아에서 사마르칸트로 돌아왔다. 그는 중국의 명으로 원정을 떠날 계획을 세웠다. 드디어 그해 말 혹독한 겨울에 그는 잘 훈련된 20만의 군대를 이끌고 사마르칸트에서 중국으로 떠났다. 1405년 초에 시르다리야에 도착하였다. 겨울은 매우 혹독하게 추웠다. 시르다리야는 완전히 얼어서 남아있던 군대가 1월 4일 얼음 위로 무사히 건넜다. 1월 14일 티무르는 오트라르에 도착하였으나

• 티무르의 관이 있는 사마르칸트의 구르에미르

감기에 들어 심하게 앓기 시작하였다. 1405년 2월 18일 밤에 티무르는 사망했다.

중앙아시아를 통일한 후 티무르는 단 한 번도 수도인 사마르칸트에서 안주하지 않고 원정만 다녔다. 그리고 원정을 떠나 도착한 곳에서 총 170일을 상대방과 전쟁을 했다. 170일 동안 티무르는 하루도 패배하지 않았고 어느 누구도 그를 이기지 못했다.

6. 티무르제국의 수도 사마르칸트

아랍의 저명한 여행가 이븐 바투타Ibn Batutah(1304~1368)는 1332년 (혹은 1334년) 사마르칸트를 방문하고 다음과 같이 기록하였다.

사마르칸트는 세계에서 가장 크고 완벽한 도시이다.

• 티무르가 만든 사마르칸트 복원도

사마르칸트는 세계 일류의 도시로 탈바꿈하였다. 당대의 세계적인 건축가들이 사마르칸트에 사원, 신학교, 그리고 도시의 인프라 구축을 설계하고 건설하였다. 무역상들에게 편의를 제공하는 도로, 시장, 카라반 사라이 등이 정비되어 명실 공히 실크로드 무역의 중추적인 역할을 담당하는데 손색이 없었다.

당시의 번영에 대한 기록은 에스파냐의 사자(使者)인 클라비오Ruy González de Clavijo(?~1412)에 의해 전해진다. 그는 1403년 사마르칸트를 방문하여 아미르 티무르를 알현하였으며 다음과 같은 기록을 남겼다.

> 사마르칸트는 헤라트의 동쪽에 있다. …… 여기는 지세가 평탄하고 산야의 모습은 아름답고 토지는 비옥하다. 강이 있어 이 도시의 동에서 북으로 흐르고 있다. 이 성은 동서 4km, 남북 2km로서 성문은 여섯 개가 있고 자성(子城)도 있다. 성 안에는 인구가 많고 도로는 종횡으로 뻗어 있고 상점은 빽빽하게 차 있다. 서남아시아의 상인은 여기에 많이 모이고 있다. 가는 곳마다 상품이 많지만 모두 이곳의 산물이 아니다. 대부분은 외국상인이 운반해 온 것이다. 거래는 은전이 사용되었다. 그 돈은 모두 여기에서 만든 것이다. 그 풍속은 금주(禁酒)를 하며 소와 양을 죽이는 사람은 그 피를 칠한다. 성의 동북쪽 모퉁이에 토옥(土屋)이 있다. 이것은 하늘에 제사를 지내는 곳으로 구조는 심히 정교하며 기둥은 모두 파란돌로 꽃무늬를 조각하였다…….

• 사마르칸트 시장 상상도, 타슈켄트 소재 아미르 티무르 박물관 소장품

그는 사마르칸트 시장에 대해서도 묘사를 하였다.

아미르 티무르가 즉위한 이후 킵차크칸국, 인도, 타타르 등 여러 나라에서 사마르칸트로 가져온 상품은 실로 엄청나서 판매 진열장이 동이나 버릴 정도였다. 그리하여 아미르 티무르는 기술관리에게 명하여 사마르칸트 성을 가로지르는 시장을 건설하여 그곳에 상인을 초치시키도록 하였다.

7. 티무르제국의 유산

　세계사는 철저하게 인류의 역사 속에서 아미르 티무르를 지워버렸다. 칭기즈칸은 서양 사회에서 지난 1000년을 빛낸 인물로 선정되는 등 그의 위대함이 재평가를 받고 있지만 아미르 티무르의 존재는 그의 생애로 끝났다. 그가 후대에 남긴 엄청난 영향은 제대로 평가받지 못하고 있다.

　단지 아미르 티무르는 역사학자들 사이에 인류 역사상 가장 잔인한 학살자로 평가받고 있다. 정복에 필연적으로 따라오는 학살은 알렉산더대왕, 칭기즈칸, 나폴레옹, 히틀러 등에게서도 찾을 수 있으며 무엇보다 유럽의 아프리카와 남미 정복사에 나타난 원주민의 학살은 천인공노할 행위였다. 왜 아미르 티무르를 학살자로만 규정하는 것인가? 정말 이상한 평가임에는 틀림없다.

　저명한 역사학자인 토인비는 아미르 티무르의 생애를 '무익하고 파괴적인 원정으로 일관'되었다고 평가하였다. 그의 다른 업적과 영향력은 언급조차 없다. 혹자는 아미르 티무르가 원정의 명분을 이교도의 응징인 성전(聖戰)에 두고 있기 때문에 그 만큼의 사람을 학살했다고 분석하고 있다. 그러나 그의 적은 모두 무슬림이었다.

　또 다른 분석에는 '정복욕'이 바탕이 되었기 때문이라고도 하며 칭기즈칸과 같이 군사적 전술의 방편으로 '시범케이스의 학살'이라고도 주장한다. 아미르 티무르는 성을 공격할 때 깃발의 색깔을 제시하는 고도의 심리 전술을 사용하였다. 불행하게도 그의 적들은 대부분 검은 깃발을 선호하였다. 그렇다면 왜 그들은 이러한 선택을 하였는가?

이유는 아미르 티무르의 원정을 초기와 후기로 나누어서 분석해야 한다.

신생약소국으로 탄생한 아미르 티무르 국가는 당대의 국제사회에서 오합지졸로 평가받았다. 중앙아시아에서 국가가 출현한 이후 한 번도 이곳의 주민 스스로 만든 국가가 없었기 때문에 주변의 국가들은 아미르 티무르 국가의 존재 자체를 인정하지 않았다. 곧 다른 국가에 의해 지배될 것이라고 판단하였다. 따라서 아미르 티무르의 군대가 출현하면 적들은 대부분 항복은 마다하고 언제나 전쟁을 원하였다.

실제로 아미르 티무르는 러시아, 인도, 오스만투르크 원정에서는 민간인을 학살하지 않았다. 공식적인 전쟁에서 적군에게 인명피해를 입혔으며 가급적 주민들을 노예로 거느리기 위해 살려두었다. 주로 민간인 학살이 자행된 곳은 페르시아와 아랍 지역이었다. 이곳에서 지도자의 배신과 주민들의 폭동이 주로 일어났는데, 그 이유는 이들이 같은 무슬림이고 동포인 아미르 티무르와 그의 병사들을 무시했기 때문이었다.

아미르 티무르의 존재를 부정한다면 중세의 세계사는 설명될 수 없다. 그를 단순히 침략자, 학살자, 정복자로 덮어버린다면 세계사는 큰 구멍을 가질 것이며 연결고리를 찾을 수 없을 것이다.

중세에 살았던 아미르 티무르의 전후를 바탕으로 그의 가치를 살펴보자. 먼저 그의 출생 이전에 세계는 '낙후된 유럽과 혼란의 선진 아시아'로 정리될 수 있다. 11세기 십자군 전쟁의 여파는 유럽대륙에 권력 구도를 변화시켰다. 절대 권력의 교황권에 국왕들이 도전하기 시작하였다. 이러한 상황에서 대륙은 전쟁에 휩싸였다. 각국이 패권을 차지하기 위해 정리되지 못한 영토문제, 상속권 등으로 소모전을 하고 있었다. 그 정점에 백년전쟁(1337~1453)이 있었다. 전반적으로 서유럽은 중세의 후진성을 면치 못하고 있었다. 반면에 아시아는 중국의 첨단기술과 이슬람의 과학발전을 통해 유럽을 앞서고 있었다. 이슬람 사회가 철학, 의학, 과학을 발전시킨 것은 종교적 역할을 수행하려는 신자들에게 도움을 주기 위함이었다.

다음과 같은 일화가 전해지고 있다.

이슬람 아바스왕조의 7대 칼리파인 알 마문Al Mamun이 꿈에서 아리스토텔레스를 만났다. 그는 고대 그리스의 위대한 학자로부터 많은 것을 듣고 깨달았다. 꿈에서 깨어난 그는 즉시 고대 그리스의 철학을 연구하도록 명을 내리고 연구기관을 설립하였다.

이후 아랍 이슬람 사회는 고대 그리스의 철학뿐만 아니라 과학 분야에도 관심을 가지고 연구하였다. 특히 과학은 이슬람이라는 종교에 매우 필요하였다. 예를 들면, 하루 5번 예배 드리는 시간을 정확하게 맞추기 위해서 천문학 등 과학기술을 활용하였다. 이러한 이유로 이슬람 사회는 과학을 숭배하고 발전시켜 나갔으며 8~10세기는 이슬람 과학의 부흥기였다.

유럽은 기독교 세계관으로 인해 정상적인 과학 발전이 이루어지지 못했다. 그러나 11세기 십자군 전쟁 이후부터 아랍과 충돌하면서 이슬람 사회의 발전된 과학을 접하게 되었다. 유럽인들은 아랍인들이 가지는 과학의 원천 기술이 고대 그리스에서 출발한다는 것을 알았으며 그것을 유럽 르네상스에 토대로 인식하였다.

놀라운 것은 고대 그리스의 과학적 업적들이 아랍어로 복원되었다는 것이었다. 일찍이 아랍의 학자들이 고대 그리스 학자들의 명저를 아랍어로 번역해 두어 축적하였기 때문이다.

결과적으로 중세 유럽의 르네상스는 이슬람의 과학과 밀접한 관련을 가지고 있으며, 칭기즈칸의 몽골제국 이후 들어온 중국의 과학기술이 첨가되었기 때문에 발전할 수 있었다. 실제로 몽골제국의 통치하에 유라시아대륙은 과학 발전의 침체기였다. 그들이 대륙을 지배하기 이전에 과학적 성과가 높았으며, 그들이 대륙을 떠난 이후에 다시 과학이 부흥하였다.

특히 중앙아시아의 사마르칸트, 부하라, 호레즘은 중세 이슬람 과학

• 알 호라즈미(좌), 알 비루니(우)

• 이븐 시나(좌), 울루그벡(우)

의 메카였다. 호레즘 출신으로 대수학을 완성한 알 호라즈미Al-
Khorezmi(780~850), 시그마 공식을 체계화시킨 철학자이자 과학자인
알 비루니Abu Rayhan Biruni(973~1048), 부하라 출신으로 서양의학의 토
대를 만들어 낸 이븐 시나Ibn Sina(혹은 Avicenna)(980~1037), 아미르 티무
르의 손자로 중세의 위대한 천문학자이자 수학자로 유럽 과학계에 이
름을 떨쳤으며, 사마르칸트에 높이 50m의 세계 최대 천문대를 건설한
울루그벡Ulugh Bek(1394~1449) 등이 대표적이다.

　실제로 이슬람 과학을 발전시킨 세계적인 학자들은 몽골제국의 지
배시기 전후에 나타난다. 아미르 티무르는 이 지역이 가지는 위대한
과학적 업적을 계승 발전시키기 위해서 동시대의 학자들에게 전폭적
인 지원을 했으며, 결국 그의 사후 자신의 제국은 세계적인 과학의 메

카로 성장하였다.

아미르 티무르 자신도 문화와 과학에 관심을 기지고 있었다. 유목 기병이 세계사에서 사라진 것은 총의 발명에서 비롯된다. 총의 발명은 1354년 독일의 수도승인 베르트롤드 슈바르츠Bertrolt - Schwarz가 대포의 원리를 활용하여 발명하면서부터 시작되었다. 이후 수차례의 개량을 통해 화승총 형태의 소총이 1500년경에 독일을 비롯한 유럽 지역에 나타났다고 한다. 1389년 오스만투르크가 코소보에서 전쟁을 할 때 화승총이 무기로 사용되었다. 대포와 다른 이 첨단의 무기는 아미르 티무르시대에 본격적으로 활용되지는 않았지만 서유럽 사회가 유라시아를 지배하는 원천기술이 되었던 것은 분명하다.

아미르 티무르는 인도원정에서 화승총을 실험하였다. 그의 원정을 묘사한 인도의 한 화가의 그림에서 아미르 티무르가 총을 들고 있는 장면이 나온다. 실제로 아미르 티무르가 화승총을 어떻게 사용하였는지 알려진 내용은 찾을 수 없다. 그러나 정복한 지역에서 가져온 새로운 기술과 제품에 대해서 그는 항상 호기심을 가지고 있었다. 아미르 티무르의 이러한 성품은 1401년 다마스커스 외곽에서 그를 알현한 이븐 할둔Ibn Khaldun에 의해서 전해진다.

이 티무르 왕은 가장 위대하고 현명한 왕들 중 한 명이다······.
그는 매우 현명하고 통찰력이 있다. 그는 아는 것과 모르는 것에 대해 토론을 즐겼다.

실제로 티무르제국의 마지막 후손인 바부르는 아미르 티무르가 실험한 화승총을 완성시켜 북인도를 침략하여 무굴제국을 세울 수 있었다.

14세기는 유럽과 아시아의 세력 판도를 전환하는 중요한 시점이었다. 포스트몽골제국은 유럽과 아시아 두 대륙에 동일한 기회를 제공하였다. 누가 패권을 장악하느냐! 아미르 티무르는 죽어가는 유라시아대륙을 극적으로 구하였다.

그는 몰락하는 아시아의 과학과 학문을 부활시켰다.

사마르칸트에 모든 첨단의 과학을 모아서 아시아의 우수한 과학기술을 부활시킨 것이다. 그리고 유럽은 그 혜택을 받은 것이다. 아미르 티무르 사후 유럽은 자신에게 전달된 아시아의 원천기술(나침반, 화약, 인쇄술)을 응용하기 시작했으며, 이후 르네상스 시대를 맞이하였다.

아미르 티무르가 세운 티무르제국은 단명에 끝났다. 그러나 그가 남긴 영향력은 아시아가 아닌 유럽에서 다시금 부활하였다. 그의 사후 세계는 '몰락하는 유라시아와 신흥 선진강국 유럽'으로 정리된다.

오스만투르크는 아미르 티무르의 전략을 반대로 수행하였다. 부활시킨 실크로드를 다시 죽여 버렸다. 실크로드의 활기찬 소통은 유라시아의 성장이었으며 유럽을 종속시켰다. 그러나 정복이라는 야심으로 실크로드를 차단시킨 오스만투르크에 의해 유라시아는 성장이 멈추어 버렸다. 그들이 원한 것은 이슬람의 승리와 정복이었다. 다른 목적은 필요하지 않았다. 유럽은 발칸반도를 빼앗기면서 새로운 무역로가 시급하였다.

1492년!

인도를 찾아 떠났던 콜럼부스는 아메리카대륙을 발견하였다. 아시아가 전해준 나침반과 화약을 응용하여 미지의 대륙을 발견하였다. 이후 유럽은 자신감을 가지고 바다의 실크로드인 해양로를 개척하기 시작했다. 유럽 사회는 해양로를 통해 자본주의를 시작하였으며 중상주의를 통해 경제력이 급상승하였다. 마침내 제국주의로 탈바꿈한 유럽 열강들은 막혀버린 실크로드 때문에 후진성을 면치 못하던 아시아를 초토화시키고 말았다.

아미르 티무르의 전략과 리더십은 유럽제국, 특히 영국에서 벤치마킹되었다. 유럽 르네상스의 원천에는 아미르 티무르가 달성한 실크로드의 부활이 큰 역할을 담당하였다.

아미르 티무르를 14세기에서 배제하고 세계사를 연결할 수 있을까?

안타깝게도 유럽인들은 르네상스의 번영을 자신들 스스로 만든 것으로 왜곡하고 있다. 7~10세기 동안 축적된 이슬람의 선진 과학과 여타 학문은 당대에 유럽에 전해지지 못했다. 이후 몽골제국의 유라시아통일과 유럽대륙의 정치적 격변을 통해 이슬람과 중국의 첨단기술들이 유럽에 전수될 수 있었다.

그러나 13세기 이후 몽골제국이 흔들리면서 이슬람과 중국의 과학기술은 발전하지 못했다. 다시 말하면, 14세기 아미르 티무르가 근대로 넘어가는 격동기에 유라시아를 지배하면서 과학기술을 집대성하였기 때문에 15세기 이후 유럽의 르네상스는 꽃을 피울 수 있었던 것이다. 이것은 그 자신이 실크로드를 부활시켰기 때문에 가능하였다.

세계사는 실크로드의 번영을 통해 발전한 대륙세력과 해양로를 통해 현재도 주도권을 쥐고 있는 해양세력으로 나누어진다. 그리고 이 두 세력 간의 위상이 바뀌는 데는 아미르 티무르의 역할이 지대하였다.

그의 최대 목표인 길의 소통이 국가를 번영케 한다는 전략은 아시아가 아닌 유럽이 다시금 일깨워 주었다. 그리고 그 길을 여는데 아미르 티무르의 실크로드 부활이 큰 역할을 하였다. 따라서 세계사를 대륙세력과 해양세력간의 투쟁으로 본다면 이 연결고리는 아미르 티무르에게서 찾아야 할 것이다. 세계사에서 아미르 티무르를 제외한다면 근대의 유럽은 존재하지 못했을 것이다.

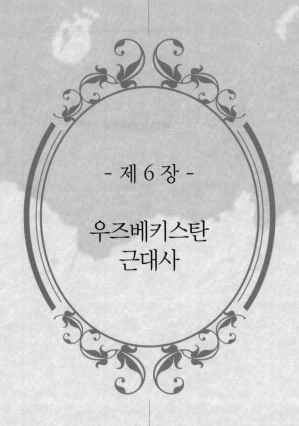

- 제 6 장 -

우즈베키스탄
근대사

1. 우즈베크의 남하, 티무르제국의 멸망, 무굴제국의 건국

아미르 티무르는 자신의 후계자로 장남인 자항기르Jahangir Mirza
(1356~1376)의 둘째 아들 피르 무함마드Pir Muhammad Mirza(1374~1407)
를 지목하고 죽었다. 자항기르는 그의 나이 20살이 되던 해에 모굴리
스탄 원정 중에 병에 걸려 사망하였으며, 그의 장남이었던 무함마드
술탄Muhammad Sultan Mirza(1375~1403) 역시 오스만투르크 원정 중에 병
에 걸려 사망하였다.

티무르의 입장에서 보면 자신의 권력을 전해주어야 할 집안의 장
손이 연이어 전쟁터에서 사망한 것이었다. 이 두 사람을 제외하면 피
르 무함마드가 서열 1위가 되었기 때문에 당연한 것이다. 그러나 티
무르의 살아남은 자손들은 그렇게 생각하지 않았다. 티무르가 피르
무함마드에게 권력을 이양하고 죽은 후 5년 동안 권력이 세 차례 바
뀌게 된다.

이 틈을 이용해서 티무르가 지배했던 지역은 여러 후손들에
의해서 분할 통치되었다.

피르 무함마드가 티무르에게서 후계자 지명을 받았지만 그는 사마르칸트에 있지 않고 카불에 있었다. 이때 티무르의 셋째 아들인 미란 샤Miran Shah(1366~1408)와 그의 장남인 하릴 술탄Khalil Sultan (1384~1411)이 타슈켄트에 있었는데 타슈켄트에서는 하릴 술탄을 황제의 자리에 옹위하고자 하였다. 이에 지지자들을 발판으로 군대를 일으켜 하릴 술탄이 사마르칸트로 진격한 뒤 황제의 자리에 오른다. 한편 피르 무함마드는 자신의 권력을 되찾고자 삼촌인 티무르의 넷째 아들 쇼흐루흐Shokh Rukh Mirza(1377~1447)에게 도움을 청하고 1406년 하릴 술탄과 전쟁을 벌이지만 패배하고 1407년 다시 재기를 노리나 자신의 부하들에 의해서 살해를 당하고 꿈이 좌절되었다. 쇼흐루흐는 하릴 술탄에 의해 헤라트를 분봉받아서 그곳을 다스리다 하릴 술탄에 도전장을 내밀지만 하릴 술탄의 아버지와 형제에 의해서 실패한다. 하지만 그때 하릴 술탄이 자신의 아내 때문에 국민들로부터 신망을 잃게 되고 결국 모글리스탄의 후다이다드 후세인에게 잡히고 만다.

티무르 왕조(Temurid Dynasty)	
통치자	집권기간
아미르 티무르	1370 ~ 1405
피르 무함마드	1405 ~ 1407
하릴 술탄	1405 ~ 1409
쇼흐루흐	1409 ~ 1447
미르조 울루그벡	1447 ~ 1449

이때를 놓치지 않고 쇼흐루흐는 사마르칸트에 입성을 하고 제국을 손 아귀에 넣는데 성공하였다.

쇼흐루흐는 자신의 아들과 손자들을 동원해서 페르시아와 중앙아 시아 일대를 통치하였다. 그러나 그의 자손들 역시 통치 지역에서 독 자적 권력을 갖고 싶어하였다. 쇼흐루흐는 결국 페르시아 일대는 본 인이 통치하고 중앙아시아는 장남인 미르조 울루그벡이 통치하는 것 으로 정리하였다.

여기에 반발한 후손들은 결국 외부 세력과 결탁을 하게 되는데 이때 나타난 세력이 '우즈베크'이다.

13세기 중반 몽골 제국이 분열된 후 중앙아시아 지역을 지배하고 있던 킵차크칸국은 3대 베르케칸에서 9대 우즈베크칸에 이르기까지 전성기를 구가한다. 하지만 1380년 모스크바 공국과의 쿨리코보 전 투에서 패배하면서 킵차크칸국은 패망의 조짐을 보여준다. 킵차크칸 국은 이후 계속해서 세력이 약화된다. 한편 우즈베크칸Uzbek Khan(1282 ~1341)은 금호르드Golden Horde 칸들 중에서 최장기간인 28년을 통치 를 하였으며 현재 우즈베크인의 언어적 기원이 되는 통치자로 알려져 있다. 그런 그를 추종하던 세력을 칭기즈칸 장남 조치Jochi의 직계 후 손인 아불하이르칸Abu'l-Khayr Khan(1412~1468)이 규합하였고, 남부 러 시아 대평원의 강자로 성장하게 되는데 16세기에 '우즈베크'라고 불 리는 사람들로 건국한 샤이바니왕조Shaybanids의 토대를 만들었다.

티무르제국의 최고통치자 쇼흐루흐가 1447년에 사망하고 난 후
중앙아시아를 둘러싼 티무르 일가들의 권력투쟁이 다시 전개되었다.

아불하이르칸은 티무르 제국의 권력다툼 상황을 적극적으로 활용하여 본격적으로 남하를 단행하였다. 티무르 일가는 아불하이르칸이 타슈켄트, 사마르칸트, 부하라를 점령하는 과정에서도 권력을 차지하기 위한 내전에 집중하였다.

특히 울루그벡의 장남인 압둘라티프Abdal-Latif(1420~1450)는 아버지를 권좌에서 몰아내고 살해까지 하여 중앙아시아 역사에 패륜아의 대명사로 알려지게 되었다. 그는 1449년 발흐에서 반란을 일으켜 아버지인 울루그벡을 감금한 뒤 살해하였다. 하지만 최종적으로 티무르 일가의 권력 투쟁은 아불하이르칸에게 도움을 요청하여 권력을 차지한 미란 샤의 손자인 아부사이드 미르조Abu Said Mirza(1424~1469)에게 돌아갔다.

서투르키스탄에서 아부사이드 미르조가 권력을 차지했지만 호라산에는 술탄 후세인Sultan Husayn Bayqara Mirza(1438–1506)이 통치하고 있어서 여전히 혼란스러웠다. 아불하이르칸의 손자인 샤이바니칸은 유년 시절을 사마르칸트에서 보내서 서투르키스탄의 사정에 밝았다.

부하라를 통치하던 술탄 알리 미르조Sultan Ali Mirza는 페르가나의 통치자였던 바부르를 견제하기 위해서 샤이바니칸에게 지원을 요청하였다.

바부르는 인도 근대사의 한 획을 그었던 무굴제국의 창시자였다. 아미르 티무르의 셋째 아들인 미란 쇼흐Miran Shah(1366~1408)의 직계

• 바부르(좌), 파니파트 전투(우)

자손이기도 한 그는 울루그벡 사후 아불하이르칸에게 도움을 요청하여 티무르왕조의 권력을 차지한 아부사이드 미르조Abu Said Mirza (1424~1469)의 손자이기도 하였다.

아부사이드 미르조는 자신의 넷째 아들이자 바부르의 아버지인 우마르 세이흐 미르조 2세Umar Shaikh Mirza II(1456~1494)에게 페르가나의 통치권을 주었다. 바로 이곳 페르가나의 안디잔에서 바부르는 태어났다. 그는 아버지 세이흐 미르조 2세가 일찍 사망하면서 12세에 이 지역의 통치자가 되었다.

바부르가 통치하던 시기에 지금의 우즈베키스탄에는 아미르 티무르의 후손들이 각 지역들을 분할해서 통치하면서 대립하고 있었다. 북쪽에서 '우즈베크'를 끌고 남하한 아불하이르칸과 그의 손자 샤이

우즈베키스탄의 역사

바니칸은 분열된 티무르 제국을 어려움 없이 멸망시킬 수 있었다.

바부르는 안디잔을 기반으로 샤이바니칸과 대립하면서 끝까지 티무르왕조를 지키려고 하였다. 그는 사마르칸트를 정복하여 티무르의 옛 영광을 되찾고 싶어하였다. 하지만 페르가나를 적에게 빼앗겼다는 소식에 페르가나로 원정을 떠났고 그사이 사마르칸트를 다시 샤이바니칸에게 빼앗겼다. 페르가나를 정복하고 다시 사마르칸트로 원정을 떠나지만 페르가나마저 적에게 빼앗기고 사마르칸트에 입성도 못하게 되었다. 그러자 그는 우즈베키스탄을 떠나서 북인도로 방향을 잡았다.

바부르는 1526년에 파니파트Panipat에서 지금의 아프가니스탄을 통치하던 로디왕조Lodi dynasty의 통치자 이브라힘 로디Ibrahim Lodi를 물리치고 그 자리에 무굴제국을 세웠다.

바부르는 차카타이 투르크어로 서술한 『바부르나마Baburnama』의 작가로서도 유명하다. 이 책은 바부르가 자신의 인생을 돌아본 회고록으로써 그가 살았던 시대의 다양한 역사와 삶이 기록되어 있다.

한편 남하하게 된 샤이바니칸은 바부르를 패퇴시키고 중앙아시아에서 티무르왕조를 완전히 무너뜨렸다. 샤이바니칸도 칭기즈칸의 직계 후손이지만 티무르왕조도 몽골의 혈통이었다. 결국 몽골의 후손들끼리 치른 전쟁에서 티무르가 세웠던 왕조가 사라지게 된 것이다. 샤이바니칸은 티무르제국의 영토를 재건하기 위해서 페르시아 사파비왕조Safavid와 전쟁을 치렀으나 기습작전을 구사한 사파비왕조의 군대에 의해서 피살당했다.

2. 투르크어의 품격을 높인 알리셰르 나보이

앞에서 7세기에 중국의 변방으로부터 지금의 우즈베키스탄으로 남
하해서 터를 잡고 살기 시작한 유목민을 투르크Turk라고 했다. 이들은
당시에 이곳의 원주민이었던 소그드Sogdians와 별다른 충돌 없이 살았
고 아랍인들이 이 지역을 침략하면서 점차적으로 토착화되었다. 조로
아스터교를 믿었던 소그드가 이슬람으로 개종하기를 거부하자 아랍
의 군대는 소그드인들을 거의 몰살시켰지만 투르크인들은 자연스럽
게 아랍인들과 동화되었기 때문이다.

아랍을 몰아낸 사만조 페르시아가 이 지역을 지배하면서 중앙아시
아는 이슬람화되었다. 그리고 11세기 이후 투르크에 속하는 다양한
세력들이 남하하여 중앙아시아에 국가를 세우면서 이 지역은 더욱 더
투르크화 되어갔다.

특히 13세기에 몽골이 중앙아시아에 차카타이칸국을 건설하면서 이 지역의 문화 형성은 새로운 국면으로 들어갔다. 이슬람화된 지역에 살고 있는 자들은 기존의 원주민들과 이들을 지배하는 몽골과 투르크계 사람들이었다. 후자들 중에서는 유목을 버리고 이슬람을 받아들여 정착을 하는 자들이 늘어났다.

사실상 11세기 이후부터 페르시아와 아랍은 이 지역에 발을 붙이지 못했다. 오히려 14세기에 몽골의 후손인 아미르 티무르가 사마르칸트를 중심으로 국가를 세우고 페르시아와 아랍을 침략하고 지배하였다. 과거와는 다른 양상이 나타난 것이다.

실크로드를 통해 이민족들의 침략과 지배를 받으면서 그들의 문화만을 받아들였던 중앙아시아 사람들이 이제는 자신이 가지고 있는 문화의 원형을 만든 국가를 침략하고 지배하게 된 것이다.

비록 아미르 티무르가 세웠던 대제국인 티무르왕조는 150년을 가지 못했다. 그러나 이 기간 동안 아랍, 페르시아, 중앙아시아 지역에서 이슬람 문화를 보다 새롭게 발전시킨 자들은 몽골과 투르크계 후손들이었다.

몽골과 투르크계 후손들이 무슬림이 되었지만 그들은 자신들만의 이슬람 문화를 만들어 나갔다. 가장 성공적인 사례가 투르크어로 문학작품을 적었다는 것이다. 일반적으로 아랍어는 이슬람 문화의 상징과도 같은 존재이다. 코란을 읽기 위해서라도 이민족 무슬림들은 아랍어를 배워야만 했다. 페르시아어 역시 아랍어 못지않게 문학작품이나 행정관련 언어로서 기능을 해 왔다.

결과적으로 아랍어와 페르시아어를 제외한 이민족 무슬림들의 언어는 자신들의 생활 언어에 불과했다. 어떻게 보면, 아랍과 페르시아를 지배했던 몽골과 투르크계 사람들에게는 자신의 문화적 권력에 한계를 드러내는 것이기도 했다. 그러나 알리셰르 나보이Alisher Navoi(1441~1501)가 등장하면서 투르크어가 그 한계를 넘어서고 당당히 아랍어와 페르시아어에 도전할 수 있게 되었다.

그는 지금의 아프가니스탄 북부에 위치하는 헤라트에서 태어났다. 티무르왕조 전성기였던 쇼흐루흐 통치기에 고위관료였던 아버지로 인해 훌륭한 교육을 받았던 알리셰르 역시 재상까지 지냈던 고위관료였다. 그는 관료이자 시인이었다.

알리셰르 나보이는 자신의 작품을 차카타이Chagatai 투르크어로 저술하였다.

알리셰르 나보이는 30년 동안 30개의 작품을 차카타이 투르크어로 적었다. 하위 언어에 불과하다는 편견을 깨고 다수의 투르크계 백성들을 위해 그는 자신의 생활 언어로 작품을 적었던 것이다. 어떻게 보면, 배우기 힘든 아랍어와 페르시아어로 된 작품을 자신의 동포들이 이해할 수 없었기 때문에 그는 투르크어로 문학작품을 저술해서 읽히고자 했을 것이다.

한글을 창제한 세종대왕과 같은 의미로 해석될 수 있는 부분이다. 그의 작품들은 오스만투르크, 카잔투르크와 같은 다른 투르크계 종족들에게도 영향을 주었으며, 결과적으로 현재의 투르크 민족들이 자신의 모국어로 문학작품을 집필할 수 있는 토대가 되었다. 알리셰르 나

• 알리셰르 나보이(좌), 함사(우)

보이의 대표작품으로는 다섯 가지 사랑이야기로 구성된 『함사Hamsa』
가 있다.

3. 우즈베크 3칸국 시대와 러시아제국의 침략과 지배

샤이바니칸 사후 지금의 우즈베키스탄은 세 개의 칸국으로 나뉘어
졌다.

1500년에 샤이바니칸이 우즈베크족을 이끌고 부하라에 입성하면
서 부하라칸국의 역사는 시작이 되었고, 후손인 압둘라칸Abdullah
Khan(1533~1598)에 의해서 최고의 전성기를 맞이한다. 그리고 또 다른
후손인 일바르스칸Ilbars Khan(?~1518)이 1511년에 히바를 중심으로 국
가를 세우는데 히바칸국이다. 부하라칸국은 다시 두 개의 나라로 나

뉘었다. 망기트Manghit라고 불리는 세력이 1785년에 부하라칸국의 권력을 잡게 되는데 이후 통치자들이 칭기즈칸의 직계후손이 아니라서 칸이라는 칭호를 사용하지 못하게 되면서 부하라 에미레이트Emirate로 불리기 시작하였다.

그리고 부하라칸국에서 쇼흐루흐 벡Shokh Rukh Bek(1680~1722)이 밍 Ming이라고 불리는 세력을 데리고 페르가나 지방으로 이동하여 1709년에 코칸드칸국Kokand Khanate을 세웠다.

• 우즈베크 3칸국과 연결된 칭기즈칸의 가계도

우즈베키스탄의 역사

티무르제국이 무너진 후 우즈베크 3칸국이 분열되면서 이 지역의 정치, 경제, 사회, 문화는 사실상 붕괴되었다. 3칸국의 내전으로 인해 중앙아시아를 노리던 제정러시아는 이곳을 침략하고 손쉽게 지배할 수 있었다. 게다가 유럽에서 바닷길을 개척하면서 실크로드의 비중이 떨어진 상황에서 우즈베크 3칸국의 분열은 실크로드를 더욱 고사시키고 말았다.

러시아의 이반4세Ivan the terrible는 시베리아칸국, 아스트라한칸국, 크림칸국을 각각 무너뜨리고 투르크계 부족들을 러시아의 지배하에 두기 시작하였다. 이후 러시아는 중앙아시아의 풍요로움을 차지하기 위해 끊임없이 기회를 노리고 준비하였다.

아무다리야 지역에 엄청난 금이 있다는 소문이 러시아에 퍼져 있었다.

피터대제Peter The Great는 본격적으로 지금의 카자흐스탄에 100개가 넘는 요새를 만들어 침략 준비를 시작하였다. 제정러시아 군대는 1850~60년대에 코칸드칸국의 도시들인 비슈케크Bishkek, 침켄트 Chimkent, 타슈켄트를 그리고 1860년대 후반에는 지작Jizzax, 호젠트 Khujand를 점령하였다.

제정러시아는 1867년 7월 14일 타슈켄트에 투르키스탄 식민지 정부를 만들고 본격적으로 식민 지배를 준비하였다. 폰 카우프만Fon-Kaufman이 초대총독으로 임명되었다. 제정러시아 군대는 1868년 사마르칸트를 점령하면서 부하라 에미레이트 전체를 점령한 뒤 1873년에 히바칸국을 점령하고 식민지로 복속시켰다. 코칸드칸국은 1876년에

• 폰 카우프만(좌), 러시아군대의 히바 입성(우)

러시아에 항복하였다.

사실상 중앙아시아 전체를 제패한 제정러시아는 이 지역의 목화에 관심이 가장 많았다. 그리고 이것은 영국과의 거대게임The Great Game으로 발전하였다.

거대게임

이 용어는 영국의 아서 코넬리Arthur Conolly가 처음 사용했으며, 키플링이 1901년 발간한 자신의 소설 「KIM」에서 구체화시켜 놓았다. 1813년 10월 24일 제정러시아와 페르시아가 굴리스탄조약Treaty of Gulistan을 체결하면서 거대게임은 시작되었다.

제정러시아는 페르시아와 전쟁을 통해서 코카사스Caucasus의 다게스탄, 조지아, 아제르바이잔, 아르메니아를 점령하고 통치하였다. 제정러시아가 중앙아시아마저 점령하게 되면서 대영제국은 이 지역에서 러시아를 몰아내려고 인도에서 침략을 준비하였다.

1858년 대영제국은 인도를 식민지로 선포하고 중앙아시아를 침략하고 있던 제정러시아와 교섭을 시작하였다. 1861년 4월 21일에 미국 남북전쟁이 발발하면서 전 세계 목화공급이 타격을 받게 되자 대영제국은 중앙아시아 목화를 노리고 제정러시아와 전쟁을 준비하기도 하였다. 결국 양국은 아프가니스탄을 중립지대로 각자의 식민지를 인정하는 방향으로 1907년 영러협상Anglo-Russian Convention을 체결하였다.

제정러시아는 중앙아시아의 주요 자원을 러시아로 이송하는 철도를 건설하였다. 그리고 러시아인을 대거 이주시켜 중앙아시아를 러시아화 시키려고 하였다. 이 과정에서 이주민들이 중앙아시아 이슬람 문화를 이해하지 못해서 충돌이 빈번하게 발생하였다.

4. 자디드운동(Jadidism)과 바스마치(Basmachi)운동

제정러시아의 지배를 받는 동안 지금의 우즈베키스탄을 중심으로 지식인들의 인식에 변화가 일어났다. 대표적인 것이 자디드운동이다. 자디드는 아랍어로 '새로운 방식'을 뜻하며 문화-계몽운동을 의미하였다. 과거의 낡은 교육시스템을 버리고 서구의 교육 내용과 방법을 도입하자는 것이었다. 궁극적으로는 새로운 교육을 통해서 정신을 발달시키고 민족관을 고취시켜서 민족의 독립을 꾀하자는 것이었다. 이 운동은 터키에서 일어난 철학적-종교적운동인 '연합과 진보', '청년터키'의 영향을 받은 중앙아시아의 민주화운동이었다.

자디드운동의 주창자는 크림타타르의 인텔리였던 이스마일 가스피랄리Ismail Gaspirali였으며, 이후 마흐무드 후자 베흐부지Mahmud Khodja Behbudi, 무나바르카리 압둘라시도프Munavvarkari Abdurashidov, 압두라우프 피트라트Abdurauf Fitrat, 압둘라 아블라니Abdulla Avlani, 파이줄라 후자예프 Fayzulla Khodzhayev, 압둘하미드 촐폰Abdulhamid Cholpon 등이 활동하였다.

투르키스탄에서 자디드는 정의, 자유 그리고 해방을 위한 투쟁이었는데 다음과 같은 세 가지를 목표로 하였다. 첫째, 새로운 방식의 자디드학교를 개설하기, 둘째, 재능 있는 아이들을 외국으로 보내 공부시키기, 셋째, 여러 가지 교육사회 조직노선과 함께 대중 사이에 선전업무를 통해 인텔리 그룹을 형성하기이다. 1910년에 타슈켄트에 자

• 자디드운동(좌), 바스마치(우)

우즈베키스탄의 역사

디드학교가 10개가 있었으며, 코칸드에도 16개나 있었다.

자디드는 새로운 운동을 대중화시키기 위해서 출판에도 큰 의미를 두었다. 대표적인 잡지가 『진보』와 『후르시드』였다. 자디드운동은 제정러시아로부터 탄압을 받았으며, 소비에트혁명 이후에 많은 자디드가 사회주의자로 전환하였다.

우즈베키스탄 지역에서 제정러시아에 저항했던 대표적인 무장봉기는 바스마치운동이었다. 바스마치는 침략자라는 의미를 가지며 이들은 과거 중앙아시아의 왕조를 복구하려고 하였다. 바스마치는 제1차 세계대전과 소비에트혁명을 틈타서 중앙아시아의 왕조를 복구하려고 무장 항쟁을 전개하기도 하였다. 소비에트정부는 바스마치들이 서로 교류를 못하게 하여서 저항력을 감소시키려고 중앙아시아에 국경획정을 논의하고 실행하였다.

5. 중앙아시아 국경획정과 우즈베크소비에트사회주의공화국의 탄생

1917년 러시아에서 발생한 10월 혁명은 중앙아시아에도 영향을 미쳤다. 제정러시아 통치기에 중앙아시아로 이주한 러시아 노동자들과 자디드들이 러시아 공산당과 연결되어 혁명을 전개하였다.

1918년에 타슈켄트를 수도로 하는 투르키스탄자치소비에트공화국 Turkestan Autonomous Soviet Socialist Republic, Turkestan ASSR이 설립되었다. 레닌은 혁명이 성공하면 투르키스탄에 자치를 부여한다고 약속했다.

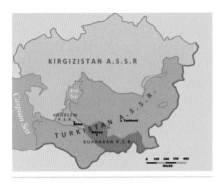

• 투르키스탄자치소비에트공화국

그러나 레닌 이후 집권을 한 스탈린은 투르키스탄에 자치를 부여하지 않는다고 발표하고 1924년에 투르키스탄을 5개의 국가로 나누는 작업을 시작하였다. 일국다민족을 원칙으로 국경을 인위적으로 만들었다.

1924년 10월 27일에 우즈베크소비에트사회주의공화국이 세워졌다. 우즈베크소비에트사회주의공화국은 일국다민족 원칙에 의해서 우즈베크인이 다수 거주하는 남카자흐스탄주 일대를 당시에 키르기스소비에트사회주의자치공화국Kyrgyz Autonomous Soviet Socialist Republic, KASSR(1924~1936)에 넘겨주고 대신에 카자흐민족으로 분류되는 카라칼팍Karakalpak을 받았다. 그리고 우즈베크소비에트사회주의공화국은 자국 내에 있던 타지크소비에트사회주의자치공화국Tajik Autonomous Soviet Socialist Republic, Tajik ASSR이 1929년에 타지크소비에트사회주의공화국Tajik Soviet Socialist Republic, Tajik SSR으로 독립하면서 타지크인이 다수 거주하는 부하라와 사마르칸트를 넘겨받고 우즈베크인이 거주하는 레닌아바드(지금의 타지키스탄 북부인 소그드주)를 양보하였다.

• 1927년 우즈베크소비에트사회주의공화국

• 1938년 우즈베크소비에트사회주의공화국

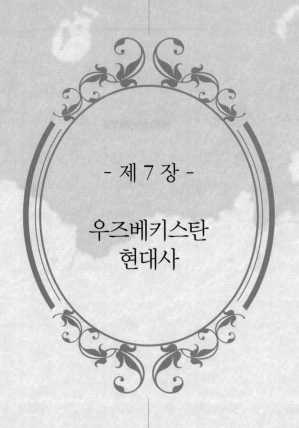

- 제 7 장 -

우즈베키스탄
현대사

1. 소비에트 정부의 씨족(caln)중심 사회와의 투쟁과 그 결과

우즈베키스탄 지역에 존재했던 다수의 부족들 그리고 씨족들의 수와 정체성에 대해서는 앞에서 언급했던 투르크계 민족연구의 대가였던 투르크계 바쉬키르Bashkir 출신의 제키 토간Zeki Velidi Togan의 문헌을 통해서 알 수 있다. 그는 '우즈베크'에 통합되었던 부족Tribe은 92개로 알려져 있고, 그 중에서 부족의 명칭에 따라 몽골계가 33개, 나머지는 투르크계 부족에 속하며, 92개의 부족 중에서 대략 45개 부족이 현재 우즈베키스탄에서 거주하고 있다고 주장했다.

이것은 이 지역의 씨족은 '우즈베크'의 남하 이전에 형성된 씨족과 당시에 지배집단이었던 '우즈베크'에서 나온 씨족과 구별할 수 있다는 것을 의미한다. 우즈베키스탄 지역의 씨족 문제는 각 지역에서 발흥한 명문 씨족들의 권력 투쟁 때문에 나타났다. 근본적으로 이러한 대립은 우즈베크 3칸국 시대에 이미 형성되었다. 특히, 히바칸국, 부하라에미레이트, 코칸드칸국은 '우즈베크'의 하부 부족이 세웠기 때문에 그 영향력은 아직도 남아있다.

1924년 국경획정과 5개의 중앙아시아 소비에트사회주의공화국이 탄생한 후 소비에트연방 정부는 부족과 씨족 중심의 이 지역 전통사회를 붕괴시키려고 시도하였다. 혈연중심의 씨족과 부족 간의 반목은 궁극적으로 공산주의 사회를 만드는데 장애요인이기 때문이다.

스탈린은 집단농장과 국영농장을 통해서 이러한 전통을 제거하려고 하였다.

스탈린의 주도로 시작된 집단농장Kolkhoz은 인민의 집단화를 통해 다양한 혈연적 정체성을 소멸시키고 이들을 소비에트 시민으로 변화시키려는 의도로 시작되었다. 그러나 스탈린의 이러한 정책은 다음과 같은 이유로 실패하였다.

첫째, 씨족단위로 구성된 혈연집단을 분산시키려는 의도는 현지 출신의 공산당 간부들에 의해서 거부당했다. 왜냐하면 이들은 대부분 씨족집단과 깊은 연관성을 가지고 있었다. 이들이 가지는 이념의 바탕은 계급적 이해관계가 아니었다. 이들에게 씨족을 분산시키는 것은 자신을 고립화시키는 것을 의미했다. 따라서 이들은 씨족의 분산을 최대한 막아야 했다.

둘째, 집단화 과정에서 혈연집단의 분산 혹은 혈연집단 간의 통합은 집단과 집단 간의 충돌을 야기했다. 게다가 1937년 이후 이민족들의 강제이주가 중앙아시아에 전개되면서 혼란은 더욱 가중되었다.

이러한 상황에서 소비에트연방 정부는 집단농장의 구성단위를 부족중심의 집단농장과 이주자 중심의 집단농장으로 나누어야만 했다. 따라서 소비에트연방 정부는 집단화로부터 생겨난 생산성 단위의 범주에서 혈연집단을 유지시킬 수밖에 없었다.

결국 우즈베키스탄의 전통사회조직인 혈연집단은 집단농장의 하부조직으로 재편성되었다. 우즈베키스탄의 씨족은 소비에트 체제하에서도 집단농장을 바탕으로 재결합하였을 뿐만 아니라 집단농장을 중심으로 씨족의 위상을 바꾸어 나갔다. 씨족의 위상 변화는 다음과 같은 과정으로 전개되었다.

첫째, 혈연적 관계를 토대로 맺어진 부족 내에는 하부집단이 계층적으로 구성된다. 즉, 부족의 발전은 씨족 간의 결혼을 통해서 이루어진다. 물론 전략적으로 통합을 추구하기도 하지만 근본적인 통합수단은 결혼이다.

둘째, 씨족 간 통합의 과정에서 헤게모니를 장악하는 씨족집단은 그들 구성원 가운데 혈통, 재산, 재능에 따라서 지도자를 선정하였다. 이렇게 선정된 지도자는 가부장적 리더십을 가지게 된다. 부족은 이 사람의 명령에 절대적으로 따라야 한다. 부족의 구성은 결국 피라미드 형태를 가지게 된다.

셋째, 이 지도자는 부족의 구성원에 대해 책임감을 가진다. 만약에 구성원이 도시로 진출하였다고 해도 반드시 연결고리를 만들어 준다. 그리고 구성원이 불이익을 당하는 경우 나서서 해결해 주어야 한다.

넷째, 지도자의 사회적 인지도가 높아지면, 예를 들어서, 집단농장의 생산량이 많다거나, 공산당 간부로서 능력을 인정을 받게 되면, 공화국 지도자로 나갈 수 있게 된다. 이는 소비에트 당국으로부터 인정을 받는 것도 중요하지만 먼저 부족 간의 경쟁에서 앞서야만 가능한 일이다.

다섯째, 마지막으로 부족 간의 통합이 전개된다. 여기에서 지도자로 나오게 되면 사회적 위상이 높아져 있다. 이런 경우에 지도자는 부족의 이익을 위해 나서야 한다. 일단 권력을 잡은 부족은 다른 부족을 경계하여 모든 이권을 자신의 부족구성원에게 할당한다. 집권부족이 적대적인 부족을 제거하는 중요한 수단이 바로 이권의 독점이다. 이러한 과정은 결국 파벌주의와 지역주의로 발전하게 된다.

자기 도태를 막기 위해서 몇몇 지도자들은 집권부족에 편입되는 것을 선택하는 방식으로 부족간의 통합을 이룬다.

2. 씨족 간의 권력 다툼

소비에트연방 정부는 씨족의 성장과 더불어 나타난 지역주의를 이용하여 우즈베크소비에트사회주의공화국 초기에 정치적, 사회적 안정을 추구하였다. 핵심 지도층 선발에 있어서 지역안배가 가장 먼저 고려되었다. 그리고 특정 지역의 씨족이 장기간 권력을 장악하면 그것을 막으려고 했다.

성 명	직 위	출신지
아크말 이크라모프(Akmal Ikramov)	공산당 당비서	타슈켄트
욜다시 아훈드바바예프(Yoldash Akhundbabaev)	최고회의 의장	마르겔란(페르가나)
파이줄라 호자예프(Fayzullah Khojayev)	수상	부하라

그러나 1937년 스탈린의 대숙청 기간에 위 3인이 물러나고 난 후
이 원칙이 깨지고 특정 씨족의 지역파벌이 권력을 독점하게 된다.

첫째, 페르가나 씨족파벌.

페르가나 출신인 최고회의 의장 욜다시 아훈드바바예프는 자신의
씨족 출신에게 기회를 제공할 수 있었고 이후에 페르가나 출신이 요
직을 독차지하였다.

성 명	직 위	집권기간
오스만 유수포프(Osman Yussupov)	당비서	1937~1950
아민 니야조프(Amin Niyazov)	의장	1947~1950
	당비서	1950~1955

둘째, 타슈켄트 씨족파벌.

페르가나 씨족파벌은 타슈켄트 씨족과 연합했다. 누리디노프Silaj
Nuritdinov가 타슈켄트 씨족파벌의 선두주자였다. 여기서 다른 지역 특
히, 사마르칸트와 부하라 지역의 씨족이 배제된 이유는 근본적인 씨
족간의 권력 투쟁에서 패배한 것도 있지만, 무엇보다도 타지크 정체
성에 손상을 주기 위해서 고려되었던 것이다. 이것은 우즈베크소비에
트사회주의공화국 내에서 타지크인이 많이 거주하는 사마르칸트와

성 명	직 위	집권기간
누리딘 무히디노프(Nuritdin Mukhitdinov)	당비서	1955 ~ 1957
사비르 카말로프(Sabir Kamalov)	당비서	1957 ~ 1959

부하라로 권력이 넘어 간다면 타지크인들의 위상이 높아질 것을 두려워한 민족감정이 우선적으로 작용되었음을 의미한다. 1959년까지 페르가나-타슈켄트 연합은 유지가 되었다.

위의 두 사람 모두 타슈켄트 출신이다. 그러나 대부분의 정치활동을 페르가나에서 하였다.

셋째, 지작-사마르칸트 씨족파벌.

샤라프 라시도프Sharaf Rashidov는 우즈베크소비에트사회주의공화국에서 당비서를 최장기간 재임한 사람이다. 그는 지작 출신으로서 1959년부터 1983년까지 24년 동안 당비서를 역임했다. 그의 부상은 무히디노프의 도움이 크게 작용했다. 무히디노프는 사마르칸트 씨족을 끌어들여서 자신의 라이벌인 누리디노바와 카말로프를 견제하려고 하였다.

스탈린의 집단화 정책을 유지하였던 흐루시초프(1953년~1964년 집권)는 우즈베크소비에트사회주의공화국에 동일한 씨족파벌의 지속적인 권력 유지를 반대하였다. 하지만 그런 그의 정책은 그의 집권 초기 취약한 정치기반으로 인해서 여전히 페르가나-타슈켄트 연합의 도전을 계속 받아왔다. 결국 후르시초프는 우즈베크소비에트사회주의공화국의 고질적인 문제를 해결하지 못한 채 공산당 서기장 자리에서 물러났다. 그 뒤를 이은 브레즈네프(1964년~1982년 집권)도 여전히 타슈켄트의 이러한 상황을 예의 주시하고 있었다. 그러던 중 1969년 4월에 타슈켄트에서 열렸던 우즈베크팀과 러시아팀의 축구경기에서 폭동이 일어나는 사건이 발생했다. 폭동은 우즈베크팀이 러시아팀에

• 라시도프

게 0대1로 패하자 우즈베크 젊은이들이 길을 막고 서서 지나가는 백인들과 유럽 스타일의 옷을 입은 우즈베크인들을 무차별 폭행을 하면서 시작이 되었다. 이 사건은 약 5일간 지속되었고, 마침내 경찰과 군들에 의해서 제압되었다.

이 폭동을 계기로 샤라프 라시도프는 우즈베크인들에게 폭 넓은 자치를 보장해줄 것을 소비에트당국에 요구했다. 그는 아울러 이러한 폭동이 일어난 이유가 누리디노바의 실책에서 기인한 것이라고 모스크바를 설득하였다. 이 사건 이후 페르가나-타슈켄트 연합은 결국 권력을 그에게 넘겨주어야만 했다. 이후 사마르칸트-지작 연합이 권력을 장악하였다.

1983년에 우즈베크소비에트사회주의공화국에서 발생하였던 '목화스캔들'[35]에 대한 책임을 지고 자리에서 물러날 것을 당시 안드로포프 서기장이 1월에 지시를 하였지만 라시도프는 물러나지 않았다. 하지만 라시도프는 그해 10월 갑자기 사망한다. 그를 대신하여 당비서에 페르가나-타슈켄트 연합을 대변하는 이남잔 오스만호자예프Inamjan Osmankhojayev가 선출되었다. 그러나 그도 목화스캔들과 연루되어서 소

---

35) 1980년대 목화 생산량이 감소하였다. 그러나 모스크바 당국은 동일한 생산량을 요구하였기 때문에 우즈베크소비에트사회주의공화국은 생산량을 위조하였다. 이 과정에서 뇌물이 오고 갔다. 이 사건은 1989년까지 조사가 계속 이루어졌고 고르바초프가 직접 조사함으로서 해결되었는데, 라시도프는 1983년에 사망하여 처벌을 면했으나 관련자 2,600명이 교도소로 보내졌다.

비에트연방의 개혁 당국에 의해서 1988
년에 부패혐의로 자리에서 물러났다.[36)]
그를 대신해서 강력한 반라시도프 인사
였던 라피크 니샤노프Rafiq Nishanov가 선
출되었다.

**그러나 다음 해에 고르바초프는 무명에 가까
웠던 사마르카트 출신의 이슬람 카리모프Islam
Karimov를 당비서에 임명하였다.**

• 카리모프

위에서 살펴본 것처럼, 우즈베키스탄
의 씨족권력은 페르가나-타슈켄트 연합과 지작-사마르칸트 연합으로
양분되어 왔다. 그러나 이러한 부족 간의 연합 양상은 앞으로 전개되
는 정치적 상황에 따라서 수시로 변한다.

3. 엘리트 후원 네트워크(Elite Patronage Network)

우즈베키스탄을 비롯한 중앙아시아의 정치문화의 특징은 권력power
과 후원patronage으로 이해되어야 한다.[37)] 전자는 개인을 토대로 하는

---

36) 그는 징역 12년형을 받은 뒤 만기 복역한 후에 1990년에 풀려난 뒤 2017년에 사망하였다.
37) Akiner, Shirin. *"Post Soviet Central Asia: Past is prologue,"* in The New Central Asia and it's.
Neighbours, eds. Peter Ferdinand (London: Pinter Publisher, 1994)

것이고, 후자는 씨족과 지역을 토대로 하는 것이다. 이것은 다음과 같은 의미를 가진다.

첫째, 정치권에 진입하려는 개인은 이미 활동하고 있는 같은 출신지 씨족과 지역의 정치인들에게 후원을 받아야 한다. 이러한 연결고리 때문에 내부적으로 정치적 비판은 존재할 수 없다.

둘째, 각 지역은 엘리트 후원 네트워크elite patronage network를 바탕으로 인재를 키운다. 이러한 조직은 우즈베키스탄에 5개가 존재한다.[38]

	엘리트 후원 네트워크	집권기간
①	Fan	페르가나
②	Surkash	수르한다리야(Surkhandarya), 카시카다리야(Qashqadarya)
③	Samarqand	사마르칸트와 부하라
④	Tashkent	타슈켄트
⑤	Khorezm	우즈베키스탄 서부 호레즘

이것을 바탕으로 정치적 지역주의 파벌이 형성하게 된다.

카리모프는 자신의 씨족을 바탕으로 영향력을 확대해 나가면서도 한편으로는 이러한 지역주의에 대한 우려를 나타내고 있다. 그는 자신의 저서에서 다음과 같이 언급하고 있다.

---

38) ICG Asia Report. "*Central Asia: Uzbekistan at 10: Repression and Instability,*" 21. 2001. (https://d2071andvip0wj.cloudfront.net/21-uzbekistan-at-ten-repression-and-instability.pdf(검색일: 2021.07.01.))

중앙아시아는 민족적 척도를 토대로 국가체계를 세우는 전통을 가지지 않았다. 소비에트 식민지 이전에 세워진 모든 국가들은 왕조와 영토주의를 토대로 세워졌다.

…

세계에는 단지 하나의 우즈베크족만이 존재한다는 것을 우리는 계속해서 강조해야 한다. 그리고 호레즘, 페르가나, 수르한다리야Surkhandarya 후손들 사이에는 어떠한 차이도 존재하지 않는다. 그들은 모두 우즈베크이다.[39]

카리모프가 위에서 언급한 내용은 씨족을 바탕으로 하는 지역주의에 대한 경고를 의미한다. 그러나 왕조와 영토주의를 토대로 세워진 과거의 국가정체성을 언급한 것은 올바른 해석이 아니다. 왕조의 중심에는 항상 민족이 개입해 있었으며 이 중심에는 씨족이 존재했다는 것이 중앙아시아 역사의 공식이다.

앞에서 언급한 것처럼 독립 우즈베키스탄 시대에 씨족 간의 권력투쟁은 외부세력의 개입이 배제되기 때문에 기득권을 장악한 씨족이 전권을 가질 수 있다. 이것은 반대로 씨족 간의 불화를 국가 내부적으로 해결해야 하는 것을 의미한다. 그래서 국정운영을 효과적으로 수행하려면 다음과 같은 사항들을 고려하고 있어야만 한다.

첫째, 이권의 합리적 분배. 씨족 간에 이권을 합리적으로 나누는 것

---

39) Karimov, Islam. *Uzbekistan on the Threshold of the Twenty-First Century* (*Tashkent: Uzbekistan Publishing House, 1997*).

이다. 실제로 이러한 배분은 우즈베키스탄에서 이루어지고 있다. 지역 씨족이 어느 정도 재정적 안정을 찾을 만큼의 이권을 집권 씨족이 배려해 주고 있다.

둘째, 물리적 충돌의 가능성. 집권 씨족의 권력 장악 기간의 장기화가 정당성을 잃게 되면 지역 씨족들은 물리적 충돌을 준비할 수 있다. 가능성이 낮은 경우이지만 외부세력이 개입될 수 없는 상황에서 씨족 간 연합을 통해 시도할 수 있는 방법이다. 무엇보다도 집권 씨족의 내분이 수반되어야 한다.

셋째, 외부세력의 개입 가능성. 중앙아시아 역사에서 지역 내부의 지배집단 변화는 대부분 외부세력의 개입으로 이루어져 왔다. 마찬가지로 현재의 씨족 대립을 해결하기 위해 외부세력의 개입이 간접적으로 작용될 수 있다. 현재의 상황에서 나타날 수 있는 외부세력은 러시아와 미국이다.

4. 이슬람 카리모프의 등장

1987년부터 1992년까지 소비에트연방에서 일어났던 민족주의의 물결이 상대적으로 중앙아시아에서는 그 세력이 강하지 못했다고 평가받고 있다.[40] 그럼에도 불구하고 1988년 11월 11일에 공학박사였

---

40) Markowitz, Lawrence. "*How master frames mislead: the division and eclipse of nationalist movements in Uzbekistan and Tajikistan,*" Ethnic and Racial Studies, 32(4), 2009. pp.716.

던 압두라힘 풀라토프Abdurahim Pulatov는 당시의 우즈베크소비에트사회주의공화국이 가지고 있었던 아랄해의 환경문제, 경제문제, 언어문제, 여성문제 등을 공감하는 과학자와 작가들을 중심으로 15,000명의 회원을 가진 브를릭Brilik(통합)이라는 단체를 출범시켰다.[41]

이 단체는 '브를릭'이라는 신문을 발간하면서 자신들의 활동을 대외적으로 알렸다. 점차적으로 이 단체에 대한 주민들의 호응이 높아지면서 브를릭을 정당으로 승격시키자는 일부 지도자들의 주장이 있었지만 압두라힘 풀라토프는 반대하였다.[42]

이에 불만을 가진 일부 지도자들은 이 단체를 탈퇴하고 새로운 정당인 에르크Erk(자유)를 창립하였다.[43] 우즈베크소비에트사회주의공화국 작가동맹의 의장이었던 무함마드 살리흐Muhammad Salih가 에르크의 창당을 주도하였다. 그는 1990년에 우즈베크 최고회의 의원에 선출되었으며, 공화국의 독립을 지속적으로 주장하면서 반공산당 운동을 전개하였다. 당시에 우즈베크소비에트사회주의공화국 공산당 서기였던 카리모프는 1991년 8월 31일에 우즈베키스탄의 독립을 선포하였다.

우즈베키스탄은 초대대통령 선거에 직면하면서 정치적 상황이 급박하게 돌아갔다. 이슬람 카리모프는 이미 법적으로 정당으로서의 자

---

41) Allworth, Edward. *Central Asia, 130 Years of Russian Dominance: A Historical Overview* (Durham, N.C. and London: Duke University Press, 1994). pp.578-579.

42) 일부 문헌에서 브를릭을 정당으로 표기하고 있지만 법적으로는 이 단체는 정당의 정체성을 가지지 못했다.

43) http://countrystudies.us/uzbekistan/47.htm(검색일: 2021.07.01.)

격을 가지고 있는 에르크를 탄압할 수 없었지만, 브를릭과 이슬람부
활당the Islamic Renaissance Party에 대해서는 후보를 내지 못하도록 제재를
가하였다. 브를릭이 대통령 후보를 내기 위해서는 정당으로 기구의
정체성을 전환시켜야 했는데, 이슬람 카리모프는 정당이 되기 위해서
는 6만 명의 동의를 받아야만 한다고 법을 만들면서 브를릭의 창당을
방해하였다.

결국 브를릭은 정당이 되지 못하고 압두라힘 풀라토프는 대통령 선
거에 출마할 수 없게 되었다.[44] 마찬가지로 1990년에 창당된 이슬람
부활당은 헌법 57조에 특정 민족이나 종교를 표방하는 정당은 창당
할 수 없다는 명분으로 이 당의 존재를 법적으로 전면 부정하였다.[45]

1991년 12월 29일에 실시된 우즈베키스탄 초대대통령 선거에서
부정선거의 논란이 있었지만 공산당의 후신인 국민민주당People's
Democratic Party of Uzbekistan의 후보인 이슬람 카리모프가 87.1%의 득표
로 당선되었다.

대통령으로 선출된 이슬람 카리모프는 정적이었던 압두라힘 풀라
토프와 무함마드 살리흐에 대한 정치적 탄압을 본격적으로 시작하였
다. 전자는 1992년 6월에 거리에서 테러를 당하고 난 후에 터키로 망
명을 떠났으며, 이후에도 브를릭의 핵심 지도자들이 의문의 테러를

---

44) Aydin, Gülen. *Authoritarianism versus Democracy in Uzbekistan: Domestic and International
Factors* (Middle East Technical University, Thesis of the degree of Master of Science, 2004).(http://
etd.lib.metu.edu.tr/upload/12604690/inde x.pdf(검색일: 2021.07.01.))
45) Ibid., pp.64.

당하였다.[46] 후자는 카리모프 정권으로부터 지속적인 위협을 받았으며, 1993년 4월에 반역죄로 투옥되었다. 이후 그는 국제사회의 탄원으로 풀려났지만 결국 아제르바이잔을 거쳐서 터키로 망명을 선택하였다.[47]

브를릭은 에르크와 달리 처음부터 정치적 노선을 표방하지 않았다. 오히려 우즈베크소비에트사회주의공화국이 직면하고 있는 아랄해의 환경문제와 여성문제 등을 이슈화시키면서 정부를 지원하는 단체로서 성격을 가지고 있었다. 특히 브를릭은 우즈베크어를 공식어로 규정하자는 운동을 전개하였는데 이것은 우즈베크소비에트사회주의공화국이 독립을 하면 반드시 필요한 문제였기 때문에 이슬람 카리모프의 입장에서도 이 단체가 독립국가로서 국가의 틀을 만드는데 도움이 되었다.

그러나 대통령 선거에서 대중적인 인지도가 높아진 압두라힘 풀라토프가 후보로 나온다는 것은 자신에게 위협이 되었기 때문에 이슬람 카리모프는 정치적으로 그를 탄압하였다. 우즈베크인 중심의 민족주의를 구현하는데 우즈베크어는 필수항목이었다. 그럼에도 불구하고 정치적인 목적으로 브를릭을 탄압한 것은 카리모프 정권이 우즈베크어를 단일한 우즈베크인 민족주의를 실천하는데 중요한 요소로 인식하지 않았음을 보여주는 대목이다.

---

46) Drobizheva, Leokadia. *Ethnic Conflict in the Post-Soviet World: Case Studies and Analysis* (Armonk, NY: M. E. Sharpe, 1996). pp.287.

47) 이후에도 무함마드 살리흐에 대한 우즈베키스탄 정부의 탄압은 계속되었는데, 1999년 2월에 발생했던 타슈켄트 폭탄테러의 주동자로 그를 지목하고 궐석재판으로 15년을 구형하기도 하였다.

실제로 현재 우즈베크어는 우즈베키스탄의 공식어가 되었지만 언어적 지위는 여전히 취약하다. 공식어로서 그 지위에 맞는 역할을 우즈베크어가 하지 못하고 있는 것이다. 경제, 과학, 기술 등의 분야에서 여전히 러시아어 어휘가 사용되고 있다.

우즈베크어가 공식어로서 기능을 하려면 이러한 어휘들을 우즈베크어로 교체해야 한다. 그리고 시대에 맞는 신조어를 개발해야 한다. 이를 위해서는 정부차원에서 관련 학계를 지원해야 한다. 그러나 여전히 1988년에 출판된 어휘 5만 개의 우즈베크어-러시아어 사전이 사용되고 있다.[48] 게다가 라틴문자로 개혁한 이후 출판된 사전은 기존의 키릴문자로 표기한 1만4천 개의 어휘를 라틴문자로 어떻게 변환시키는지를 제시한 단어장 수준의 사전이 유일하다.[49]

시대적 상황으로 보면, 카리모프 정권은 에르크의 지도자인 무함마드 살리흐의 정치적 성향과 동일하게 나가야만 했다. 비록 우즈베크 소비에트사회주의공화국 공산당 서기 출신이지만 이슬람 카리모프가 독립국가의 대통령이 되기 위해서는 공산당을 탈퇴하고 반공산당 전선에 있어야만 했다.

무함마드 살리흐 역시 공산당 출신이었다. 그러나 그는 고르바초프의 개혁을 찬성하면서 우즈베크소비에트사회주의공화국의 공산당이 가지고 있는 많은 문제점들을 비난하였다. 특히 우즈베크 문학, 언어, 역사에 대한 우즈베크소비에트사회주의공화국의 공산당 정책을 비판

---

48) *Узбекско-Русский Словарь* (Ташкент: Ташкент, 1988)

49) *O'zbek Tilining Kirill va Lotin Alifbolaridagi Imlo Lug'ati* (Toshkent: Sharq, 2004)

하였다. 이러한 측면에서 무함마드 살리흐는 압두라힘 풀라토프와 동일한 노선에 있었기 때문에 브를릭의 창립에 참여하였다. 따라서 무함마드 살리흐와 에르크는 우즈베크인 중심의 민족주의를 정치적 목표로 삼았다고 볼 수 있다. 그러나 카리모프 정권은 그가 대통령 후보로 경쟁했다는 점과 독립 이전부터 이미 반공산당을 표방하는 에르크를 창당했다는 이유로 정치적 탄압을 한 것이다.

카리모프 정권은 위와 같은 우즈베크 민족주의를 표방하면서 우즈베크족 문화를 복원시키려는 지도자와 단체 그리고 정당들을 활용하기 보다는 정치적 탄압으로 답하였다. 결과적으로 현재 우즈베키스탄에서 우즈베크어, 문학, 역사와 같은 인문학이 제대로 발전하지 못하고 있는 것이다.

카리모프 정권은 이슬람의 부활에 대해서도 정치적인 목적으로 대응하였다. 이슬람은 우즈베크인 중심의 민족주의를 구축하는데 가장 중요한 요소이다. 우즈베키스탄은 중앙아시아의 중심에 있었기 때문에 고르바초프 집권 이후부터 이슬람의 부활이 급속히 진행되었다.[50]

카리모프 정권은 독립 이후에 이슬람의 부활을 당연히 받아들였고 이를 정치적으로 활용하였다.[51] 예를 들면, 그는 모스크 건설과 이슬람 기념일을 허용하였으며, 스스로 성지순례를 다녀오고 코란 위에

---

50) Walker, Edward. "*Islam, Islamism and Political Order in Central Asia*," Journal of International Affairs, 56(2), 2003. pp.36.

51) Bohr, Annette. *Uzbekistan: Politics and Foreign Policy* (London: Royal Institute of International Affairs, 1998). pp.26.

손을 얻고 대통령 선서를 하였다.[52]

그러나 카리모프 정권 앞에 먼저 나타난 이슬람은 소비에트체제 이전에 존재했던 수피즘이나 수니이슬람의 성향이 아니라 원리주의였다. 앞에서 언급했던 이슬람부활당은 우즈베키스탄을 이슬람국가로 만들겠다는 정치적 목표가 없었다.

그럼에도 불구하고 카리모프 정권은 이 정당을 헌법으로 탄압했다. 반면에 동부 페르가나 지방에서 나타난 이슬람단체들은 공개적으로 이슬람혁명을 통해서 우즈베키스탄을 이슬람국가로 만들겠다고 선언하였다.[53] 대표적인 단체가 아돌라트Adolat(정의)였다. 카리모프 정권은 이들을 대대적으로 소탕하였지만 일부의 회원들이 1998년에 우즈베키스탄 이슬람운동IMU이라는 단체를 결성하였다.

페르가나 지방에 나타난 이슬람 원리주의 단체들의 위협을 인식한 카리모프 정권은 당시에 우즈베키스탄에서 존경을 받았던 이슬람지도자들인 이맘Imam들을 관리하기 시작하였다. 특히 중앙아시아의 저명한 율법학자mufti이자 우즈베키스탄 독립 이후 초대 율법학자로 임명된 무함마드 소디크 무함마드 유수프Mohammad-Sodik Mohammad-Yusuf의 정치적 성향은 카리모프 정권에게 중요했다.[54] 그는 지속적으로 친정부 성향을 나타내었기 때문에 당시 정권과 우호적인 관계를 유지할

---

52) Aydin, Gülen. *Authoritarianism versus Democracy in Uzbekistan: Domestic and International Factors* (Middle East Technical University, Thesis of the degree of Master of Science, 2004).(http://etd.lib.metu.edu.tr/upload/12604690/inde x.pdf(검색일: 2021.07.01.)) pp.64.

53) Rashid, Ahmet. *Rise of Militant Islam in Central Asia* (New Heaven and London: Yale University Press, 2002). pp.139.

54) http://carnegieendowment.org/files/cp_82_olcott2_final.pdf(검색일: 2021.07.01.)

수 있었다.

카리모프 정권은 이맘을 새로운 세대로 교체하는 작업을 단행하여 반정부 성향을 사전에 차단시키려고 하였다.[55] 이외에도 카리모프 정권은 내각 산하에 종교위원회를 창설하고 이슬람대학교를 개교하면서 공식적으로 이슬람을 통제하기 시작하였다.[56]

우즈베크인 중심의 민족주의를 구성하는 중요한 요소인 이슬람은 우즈베키스탄 정부의 통제를 받으면서 그 정의가 규정되고 있다. 이슬람원리주의 단체들은 지속적으로 탄압을 받고 있지만 대부분의 주민들도 정부의 감시 하에서 자신의 종교 활동을 하고 있다. 그러나 우즈베크인 대부분이 가지는 이슬람 성향은 세속적인 성격을 가지고 있다. 아랍의 국가들처럼 엄격하게 코란을 생활의 지침서로 삼으면서 살아가기 보다는 유연한 자세로 종교 활동을 하고 있다. 이러한 행태가 카리모프 정권의 통제 때문에 부자연스럽게 이루어지는 것이 아니라 소비에트체제 하에서 이슬람이 탄압을 받으면서 자연스럽게 생활 속에서 굳어진 것이다. 결과적으로 카리모프 정권이 지향하는 우즈베크인 중심의 민족주의에서 이슬람이란 세속적 이슬람을 의미하는데 이것은 대부분의 우즈베크인도 같은 성향을 가지고 있기 때문에 큰 충돌 없이 진행되고 있다.

카리모프 정권이 규정하는 '단일한 우즈베크 민족주의' 내용의 대

---

55) EMcGlinchey, Eric. "*Islamic Leaders in Uzbekistan*," Asia Policy, 1(1), 2006. pp.131-132.
56) Akbarzadeh, Shahram. "*Nation-building in Uzbekistan*," Central Asian Survey, 15(1), 1996. pp.28.

부분은 브를릭과 에르크에 의해서 주창되었던 것이다. 그러나 이들을 활용하기 보다는 자신의 정권 창출과 안정을 위해서 탄압을 시도하고 말았다. 따라서 현재 우즈베크인의 민족문화가 발전하는데 더 많은 시간이 필요하게 되었다.

5. 사마르칸트와 타슈켄트 씨족전쟁

카리모프는 집권 이후 사마르칸트 출신을 중심으로 권력을 장악하였으며 독립 이후에도 이 체제를 유지하였다. 그러나 1999년 2월 16일에 타슈켄트에서 폭탄 테러가 발생하면서 우즈베키스탄 정치권의 판도가 변화되었다.

우즈베키스탄 정부는 우즈베키스탄 이슬람운동Islamic Movement of Uzbekistan, IMU이 테러를 주도하였다고 발표하였으나, 실제로는 사마르칸트 파벌이 카리모프를 제거하기 위한 테러였다고 밝혀졌다.[57]

카리모프는 집권 이후 사마르칸트 파벌에 국가의 이권을 배분하였다. 그러나 이들의 부정부패로 인해 국가경제가 타격을 받자 이권을 회수하거나 조정하였다. 특히 고위 공직자들에 대한 압력을 강화했다. 이러한 움직임은 공식환율과 시장환율의 차이가 3배까지 났던

---

57) ICG Asia Report, "*Central Asia: Uzbekistan at 10: Repression and Instability*," 21, 2001, pp.1-39. (http://www.rferl.org/content/article/1052177.html(검색일: 2021.07.01.)) (http://ise ees.berkeley.edu/bps/publica tions/2003_06-naum.pdf(검색일: 2021.07.01.))

1998년에 나타났다. 이와 동시에 러시아가 모라토리엄을 선언하자 우즈베키스탄 경제는 더욱 힘들어졌다.

이러한 상황에서 다음 해인 1999년 2월에 타슈켄트에서 연쇄적으로 폭탄테러가 발생하였다. 테러가 발생하게 된 경위는 다음과 같다.

공식환율과 시장환율의 차이가 3배가 나면 권력층은 이를 악용하여 손쉽게 3배의 이익을 얻을 수 있었다. 예를 들면, 시장에서 3배 높은 가격으로 환전하여 자신의 권력을 이용해 그것을 다시 달러로 환전하면 100달러가 순식간에 300달러로 변한다. 이러한 과정을 통해 가뜩이나 부족한 우즈베키스탄의 외환보유고가 더 떨어졌다. 카리모프는 국가적 차원에서 이를 막아야 했기 때문에 사마르칸트 출신의 권력자들에게 이러한 행위를 금지하도록 압력을 가했다. 카리모프의 이러한 대응에 반발하여 사마르칸트 파벌 내부의 권력자들이 그를 제거하기 위한 테러를 자행했던 것이다.

이 사건의 배후에는 사마르칸트 파벌의 실세이자 카리모프를 정치적으로 후원patronage했던 이스마일 주라베코프Ismail Jurabekov가 있었다.[58]

그는 카리모프가 우즈베크 공화국의 당비서로 집권할 당시에 수자원부장관이었고 독립 이후에는 1994년부터 1998년까지 농업담당 수석부총리를 역임하였다. 1999년에 카리모프는 위와 같은 이중환율을 통한 사마르칸트 파벌 권력자들의 부당한 행위를 완전히 차단하기

---

58) https://www.rferl.org/a/the-making-of-islam-karimov-uzbekistan/26917396.html(검색일: 2021.07.01.), https://vvprohvatilov.livejournal.com/305257.html(검색일: 2021.07.01.)

위해서 그해 1월에 이 파벌의 실세인 주라베코프를 해임하려고 시도하였다.[59] 그러자 다음 달인 2월에 타슈켄트에서 폭탄테러가 발생하였다.

카리모프는 이 사건 이후 주라베코프를 해임하고 대통령 수자원·농업담당 비서로 좌천시켰으며, 자신의 권력을 유지하고 이들을 견제하기 위해서 타슈켄트 파벌과 연합하였다. 이 당시에 카리모프는 사마르칸트 파벌의 권력자들을 제거하기 보다는 자신의 신변을 보호하는 것이 우선이었다.

카리모프는 타슈켄트 파벌의 실세이자 1995년부터 민족안전국 의장을 맡고 있었던 이노야토프Rustam Inoyatov와 연합하여 사마르칸트 파벌과 세력 균형을 이룰 수 있었다.

그로부터 5년이 지난 2004년 3월에 주라베코프가 대통령 비서에서 해임당하고 난 후 3월부터 7월까지 경찰을 상대로 하는 테러와 미국과 이스라엘대사관을 공격하는 테러가 발생하였다.[60]

우즈베키스탄 정부는 1991년 사건과 마찬가지로 이슬람 테러리스트들의 소행이라고 발표하였지만 실제로는 이노야토프가 1991년부터 내무부장관에 재직하고 있던 사마르칸트 파벌의 실세인 조키르 알마토프Zokir Almatov를 겨냥하여 테러를 지휘했다고 알려졌다.

결과적으로 1999년부터 2004년 동안 사마르칸트 파벌은 내무부장

---

59) https://www.rferl.org/a/1058611.html(검색일: 2021.07.01.)

60) https://worldview.stratfor.com/article/uzbekistan-today-power-breakdown-and-volatility(검색일: 2021.07.01.)

관인 알마토프를 내세워서 권력을 유지하려고 하였으며, 카리모프는 타슈켄트파벌과 연합하여 민족안전국 이노야토프를 통해서 자신의 신변과 권력을 보호하려고 하였다.

이러한 양측의 대결구도는 2005년 5월 13일에 발생한 안디잔 사태를 통해서 카리모프와 타슈켄트 파벌의 승리로 결론이 났다. 카리모프는 안디잔 시민들을 상대로 무력진압을 지휘한 알마토프를 해임할 수 있는 명분을 가졌는데, 알마토프는 카리모프가 해임을 하기 전에 암 치료를 한다는 명목으로 독일로 먼저 떠나면서 권력에서 스스로 물러났다.[61]

그로부터 11년이 지난 2016년 9월 카리모프가 뇌출혈로 사망하였다. 그리고 총리였던 지작 출신의 샤브카트 미르지요예프가 대통령에 취임하고 그해 12월 20일에 새로 조직한 반부패위원회 위원장으로 2005년 안디잔 사태의 무력진압을 책임지고 내무부장관에서 물러났던 알마토프가 취임하였다.[62]

미르지요예프가 다른 정부부처도 아니고 반부패위원회 위원장으로 알마토프를 임명한 것은 이노야토프에게 선전포고를 한 것이나 다름이 없었다. 그리고 민족안전국의 권력에 맞설 수 있는 내무부의 장관으로 동향의 최측근을 앉힌 것도 같은 맥락이다.

61) https://www.dw.com/en/uzbek-minister-leaves-germany-after-probe-opens/a-1829774(검색일: 2021.07.01.)
62) http://archive.qalampir.uz/news/zokir-almatov-xukumat-ishiga-qaytarildi-5275(검색일: 2021.07.01.)

6. 무혈입성 샤브카트 미르지요예프

미르지요예프는 1957년 7월 24일 우즈베키스탄의 중부에 위치하고 있는 지작주(州)의 자민Zaamin이라는 곳에서 출생했다. 그의 아버지는 외과 전문의였다. 미르지요예프는 공식적으로 우즈베크족이다.

미르지요예프는 1981년 타슈켄트 관개농업기술대학교Tashkent Institute of Irrigation and Agricultural Mechanization Engineers 기계공학과를 졸업하였다. 그는 이후 중학교 교사 그리고 모교의 강사, 교수, 수석부총장 등을 역임하면서 1992년까지 박사학위Candidate를 소지한 교육자로서 활동하였다.

미르지요예프의 정치적 경력의 시작은 1990년 우즈베크소비에트 사회주의공화국 최고회의의 의원으로 선출되면서부터이다. 미르지요예프는 1992년 타슈켄트의 미르조 울루그벡Mirzo Ulugbek구(區)의 호킴Xokim63)으로 임명되면서 관료로서 그리고 1994년에는 우즈베키스탄 국회의원으로 선출되면서 정치인으로서도 본격적으로 활동하기 시작하였다.

미르지요예프는 1996년부터 2001년까지 자신의 고향인 지작의 주지사를 역임하였고 2001년부터 2003년까지는 카리모프의 고향인 사마르칸트 주지사로 활동하였다. 2003년에 미르지요예프는 총리로 발탁되어서 2016년까지 13년 동안 직위를 유지하였다. 동시에 2005년,

---

63) 호킴은 일정한 시(市), 구(區) 또는 주(州)의 책임자, 즉, 시장, 구청장, 주지사를 일컫는 말이다.

2010년, 2015년 세 차례에 걸쳐서 하원의원도 지냈다.[64)]

미르지요예프가 어떻게 관료로서 그리고 정치가로서 경력을 쌓을 수 있었을까?

미르지요예프의 출생지인 지작은 흐루시초프가 처녀지virgin land개간 프로그램을 진행하면서 우즈베크소비에트사회주의공화국에 최초로 그 프로그램을 적용한 지역이었다. 그리고 처녀지를 개간하기 위해서는 무엇보다 물의 확보를 위한 관개사업이 중요하며 이 분야의 전문가가 절실하게 필요했다. 그런데 미르지요예프는 앞에서 살펴보았듯이, 1981년에 타슈켄트 관개농업기술대학교를 졸업하고 기계공학 박사학위를 받았다. 그리고 모교에서 교육과 연구를 병행하면서 이 분야의 전문가로 성장하였으며 수석부총장으로서 행정 경험도 쌓았다. 이러한 학력과 경력은 우즈베크소비에트사회주의공화국의 농업발전에 큰 공헌을 할 수 있게 해주었다. 주지하는 바와 같이 우즈베키스탄의 최대 농작물은 목화이다. 이 작물을 재배하기 위해서는 관개수로가 잘 정비되어야 하기 때문이다.

이렇게 관료로서 자리를 시작한 미르지요예프를 카리모프는 1996년에 그의 고향인 지작의 주지사로 발령한다. 카리모프가 이렇게 발령한 것은 분명히 파격적인 인사였다. 하지만 실제로 미르지요예프는 농업과 관개분야의 전문가이고 지작이 출신지이기 때문에 카리모프가 그를 지작 주지사로 발령할 수 있는 명분은 있었다. 그러나 카리

---

64) https://president.uz/ru/lists/pages/biography(검색일: 2021.07.01.)

모프가 그를 발탁한 또 다른 배경에는 미르지요예프의 업무추진 능력에 있었다. 미르지요예프는 지작에서 목화 수확을 책임지고 수십만 명을 강제동원하고 감독하였다고 언론은 기록하고 있다.[65] 따라서 미르지요예프는 타슈켄트 미르조 울루그벡구청장 시절부터 '주먹'이라는 별명을 가질 정도로 업무 추진에 저돌적인 모습을 보였고 이것이 카리모프에게 알려졌기 때문에 발탁된 것이라고 이해할 수 있다.

미르지요예프는 주지사로서 능력을 인정받고 사마르칸트의 주지사로 발령을 받는다. 미르지요예프가 지작 주지사로 발령받은 것은 이해할 수 있지만 2001년에 카리모프가 자신의 고향인 사마르칸트의 주지사로 그를 임명한 것은 구체적인 분석이 필요하다. 앞에서 언급했듯이, 1999년에 사마르칸트 파벌의 권력자들은 카리모프를 제거하기 위해서 폭탄테러를 자행하였고 이후 카리모프는 타슈켄트 파벌과 연합하여 세력을 유지하려고 하였다. 따라서 사마르칸트 주지사가 누가 되느냐 하는 것은 상당히 중요한 의미를 가졌다. 카리모프는 1999년 이후부터 사마르칸트 출신을 주요 자리에 임명하지 않았다. 그렇다고 타슈켄트 출신을 사마르칸트로 보낼 수는 없었다. 이러한 상황에서 미르지요예프는 양측을 모두 만족시킬 수 있는 인사였다. 기본적으로 사마르칸트 파벌은 지작 출신의 라시도프가 있었기 때문에 정치적 성장이 가능하였고 지작-사마르칸트 파벌 연합으로 다른 지역의 파벌들과 경쟁할 수 있었기 때문에 카리모프의 미르지요예프 임명

---

65) https://thediplomat.com/2018/03/cutting-out-the-kingmaker-mirziyoyev-at-a-crossroads/(검색일: 2021.07.01.)

에 반대할 수 없었다. 그의 정치가로서의 승승장구는 여기서 멈추지 않았다. 2003년에 카리모프는 그를 총리로 발령한다. 미르지요예프가 총리직에 발탁된 것은 사마르칸트 주지사로 임명된 배경과 다르게 분석된다. 미르지요예프가 타슈켄트 미르조 울루그벡구 호킴으로 재직했을 때 이미 이노야토프와 인연이 있었다. 이노야토프는 미르지요예프를 계속해서 주목하면서 그를 카리모프에게 총리로 추천했다. 그러나 이노야토프는 미르지요예프를 카리모프의 핵심그룹에 넣어서 그의 통치에 자신의 영향력을 높이려는 계산으로 미르지요예프를 이용하였다.[66] 중앙정치 무대로 등장한 미르지요예프는 카리모프 집권 하에서 총리라는 직책에도 불구하고 크게 대외적으로 부각되지 않았다. 왜냐하면 카리모프의 최측근인 아지모프Rustam Azimov와 이노야토프를 비롯한 주요 권력자들이 대부분 타슈켄트파벌 출신이기 때문이었다. 따라서 타슈켄트파벌이 장악하고 있는 중앙정치 무대에서 미르지요예프는 과거처럼 활동하기는 힘들었다.

미르지요예프는 본인의 출생지와 전공 그리고 업무스타일 때문에 카리모프에 의해서 발탁되고 이노야토프의 도움으로 총리까지 올랐지만 2016년 카리모프가 사망할 때까지 13년 동안 2인자로서의 이미지는 가지지 못했다. 그러나 여기서 주목해야 하는 것은 13년 동안 총리직에 있었다는 점이다. 미르지요예프는 사마르칸트 파벌과 타슈켄트 파벌의 치열한 경쟁에서 지작이라는 출생지의 혜택을 받아서 권

---

66) https://www.themoscowtimes.com/2016/09/07/who-will-be-uzbekistans-next-president-a 55245(검색일: 2021.07.01.)

력층에 들어갔지만 이노야토프를 비롯한 타슈켄트 파벌의 기세에 눌려있었다. 그럼에도 불구하고 미르지요예프가 13년 동안 총리직을 수행할 수 있었던 이유를 다음에서 찾을 수 있다.

첫째, 카리모프에 충성을 다하는 총리. 2005년에 발생한 안디잔 사태를 이용해서 카리모프는 사마르칸트 파벌의 세력을 약화시켰으며 과거보다 더 강력한 중앙집권적 독재체제를 구축할 수 있었다. 이러한 상황에서 미르지요예프는 정치권에서 외형적으로 사마르칸트 파벌을 상징해주는 인물로 존재가치가 있었다. 미르지요예프 자신도 타슈켄트 파벌이 다수를 장악하고 있는 권력구조 속에서 생존하기 위해서 자신이 카리모프의 사마르칸트 직계파벌임을 강조하였으며, 그의 인정을 받는 총리로 존재하기 위해서 그의 정책을 적극적으로 수행하였다.[67)]

둘째, 우호적인 사적 관계 유지. 미르지요예프는 카리모프뿐만 아니라 그의 가족들과 이노야토프와도 우호적인 관계를 계속해서 유지해왔다. 실제로 그는 우즈베키스탄의 권력층에서 상당히 사교적인 인물로 평가를 받아왔다.[68)]

위와 같이 미르지요예프가 정치적으로 성장한 배경을 보면 그가 카리모프 이후 차기 대통령으로 선출될 가능성은 상대적으로 낮아 보였으며, 카리모프에게 충성을 다해서 그의 정책을 지지하고 수행했던

---

67) https://www.businessinsider.com/uzbekistans–new-president-may-not-be-a-game-change r-2016-12(검색일: 2021.07.01.)

68) https://www.themoscowtimes.com/2016/09/07/who-will-be-uzbekistans-next-president–a 55245(검색일: 2021.07.01.)

미르지요예프였기 때문에 대통령 취임 이후 그가 추진했던 급진적인 개혁을 이해하는 것은 더욱 어려워진다.

2016년 9월 2일에 카리모프의 사망이 우즈베키스탄 방송에서 공식적으로 발표되었으며, 9월3일 카리모프의 고향인 사마르칸트에서 3일장으로 장례식이 거행되었다. 미르지요예프는 장례조직위원장이 되었고 카리모프의 장례식을 직접 지휘하였다. 이때 해외언론은 미르지요예프를 차기 대통령으로 지목하였는데, 이유는 고인을 직접 묻는 사람이 차기 지도자라는 소비에트체제에서부터 내려온 속설 때문이었다.[69]

우즈베키스탄 헌법에 의하면, 전임 대통령이 사망하거나 실질적으로 대통령직을 수행하지 못하면 그 이후 3개월 동안 상원의장이 대통령직을 대행하고 차기 대선을 치르게 된다.[70] 그러나 니그마틸라 율다셰프Nigmatilla Yuldashev 상원의장은 9월 8일에 상하원 합의로 임시대통령을 미르지요예프에게 이양한다고 발표하였다.

12월 4일로 대통령 선거가 결정되면서 우즈베키스탄 대내외적으로 차기 대선후보들이 거론되기 시작하였다. 앞에서도 언급했듯이 미르지요예프와 더불어서 가장 유력한 대선후보는 아지모프와 이노야토프였다.

아지모프는 타슈켄트 출신으로 기계공학을 전공하고 경제학 박사

---

69) http://caspianet.eu/2017/05/14/smooth-succession-uzbekistans-second-president/(검색일: 2021.07.01.)
70) 우즈베키스탄 헌법 9조 96항. https://www.constituteproject.org/constitution/Uzbekistan_2011.pdf?lang=en(검색일: 2021.07.01.)

를 받았으며, 독립 이후에 중앙은행 총재를 역임하고 2005년부터 재무담당 수석부총리로 재직하고 있었다. 우즈베키스탄의 국고는 아지모프가 관리한다고 할 만큼 우즈베키스탄의 경제에서 그가 차지하는 비중은 높았으며, 해외에서도 가장 높은 인지도를 가지고 있었다. 특히 아지모프는 국제회의에서도 카리모프 옆에 항상 배석하고 있었기 때문에 우즈베키스탄의 2인자로 이미 국내외에서 거론되었던 인물이었다.[71]

한편 이노야토프는 국경수비대와 세관을 장악하고 있었기 때문에 권력 측면에서는 이미 1인자로 평가받고 있었으나 당시에 72세라는 나이와 민족안전국 의장이라는 직업의 특성상 외부와 접촉을 거의 하지 않았기 때문에 국내외적으로 대권후보로 적합하지 않다는 평가를 받고 있었다. 그러나 이노야토프의 권력 수준과 카리모프와의 관계를 고려한다면 차기대통령은 그가 정해준다는 소문까지 나돌았다.[72]

• 샤브카트 미르지요예프
현 우즈베키스탄 대통령

이들의 3강 구도는 매우 신속하게 정

71) https://www.washingtonpost.com/world/asia_pacific/succession-looms-in-uzbekistan-amid-uncertainty-over-leaders-condition/2016/08/30/974d7e86-6e24-11e6-993f-73c693a89820_ story.html?noredirect=on&utm_term=.82d9fdf0baea(검색일: 2021.07.01.)

72) https://www.nytimes.com/2016/08/30/world/asia/uzbekistan-president-islam-karimov.ht ml?_r=0(검색일: 2021.07.01.)

리되었다. 대선 후보 등록이 시작되기도 전에 미르지요예프의 강력한 정적이었던 아지모프는 출마를 포기하였으며, 이노야토프는 미르지요예프를 지지한다고 발표하였다. 이노야토프는 부총리로 있었던 아지모프가 대통령이 되면 총리인 미르지요예프는 당연히 스스로 정치권에서 물러나야 하는데, 이럴 경우에 사마르칸트 파벌의 강한 반발로 인해서 정국이 불안정해질 가능성이 높다고 판단하였다. 그리고 그는 무엇보다 자신의 파벌이 정권을 잡아서 정국이 불안해지는 것을 원하지 않았기 때문에 아지모프의 출마를 막았다.

서방의 한 언론은 미르지요예프 역시 충돌과 혼란을 막기 위해서 이노야토프와 아지모프에게 자신이 대통령이 되면 권력을 공유한다는 약속을 한 것으로 보도했다. 이처럼 사마르칸트 파벌과 타슈켄트 파벌의 대결과 충돌을 예상했던 우즈베키스탄 대선은 사실상 미르지요예프의 승리로 끝났다.

3강의 대결구도가 끝나자 본격적으로 대선운동이 시작되었다. 12월 4일 우즈베키스탄 대선에 자유민주당Liberal-Democratic Party 후보로 출마한 미르지요예프는 사실상 국민적 인지도가 없는 사르바르 오타무라토프Sarvar Otamuratov 민족부흥민주당National Revival Democratic Party 후보, 나리몬 우마로프Narimon Umarov 정의사회민주당Justice Social Democratic Party 후보, 호탐존 케트모노프Khotamjon Ketmonov 인민민주당People's Democratic Party 후보를 누르고 88.61%를 획득하여 대권을 차지하였다.[73]

---

73) https://www.economist.com/asia/2016/12/10/uzbekistan-replaces-one-strongman-with-another(검색일: 2021.07.01.)

7. 미르지요예프 10대 개혁과 씨족전쟁

미르지요예프는 대통령 선거운동 과정에서 일관성 있게 카리모프의 정책을 승계하겠다고 발표하였다. 실제로 해외 언론들도 미르지요예프가 급진적인 개혁을 추진할 것으로 예상하지 못하였다.

미르지요예프는 대통령으로 취임한 후 첫날에도 카리모프의 정책을 지지한다고 발표하였다. 무엇보다 그는 독재자 카리모프 밑에서 총리로 13년을 재직하고 그의 정책을 성실히 수행했기 때문에 미르지요예프가 개혁을 추진할 것이라고 예상하기는 힘들었다.

하지만 미르지요예프는 2016년 12월 4일에 대통령으로 당선되고 불과 65일이 지난 2017년 2월 7일에 자신의 개혁 내용을 담은 '우즈베키스탄 2017~2021년 5개년 개발전략'을 공표하였다. 그는 '발전전략센터'를 만들어 자신의 개혁을 중점적으로 관리하도록 시켰다.[74]

미르지요예프는 10대 개혁을 제시하면서 전 국민들에게 홍보하였다. 그의 10대 개혁 과제와 이에 따른 핵심 세부 과제는 다음과 같다.[75]

①	통화자유화(Валютная либерализация, Currency liberalization)
	• 환율단일화　　　　　　• 환전자유화
②	세금개혁(Налоговая реформа, Tax reform)
	• 세무관련 기관 개혁　　• 세법개혁

---

74) http://strategy.gov.uz/en(검색일: 2021.07.01.)
75) https://www.spot.uz/ru/2018/07/24/reforms/(검색일: 2021.07.01.)

③	경제개혁(Экономические реформы, Economic reforms)
	• 사기업의 양성 • 비즈니스와 관련된 규제 철폐
④	교육개혁(Реформа образования, Education reform)
	• 11학년제 복귀 • 교육기관 종사자 급여 인상
⑤	부패퇴치(Борьба с коррупцией, Fighting corruption)
	• 반부패법 공포 • 부패방지위원회 설치
⑥	군대개혁(реформа вооруженных сил, military reform)
	• 군사교육시스템 개선
⑦	내무부개혁(реформа МВД, MIA reform)
	• 2023년까지 '안전한 도시' 프로젝트 완료
⑧	민족안전국개혁(реформа СНБ, NSS reform)
	• 민족안전국의 대폭적인 개혁
⑨	인권(права человека, Human Right)
	• 사면령 • 기업가 권리 보호
⑩	행정개혁(административная реформа, administrative reform)
	• 행정시스템의 현대화

미르지요예프의 10대 개혁 과제들 중에서 현재 추진되고 있는 주요 개혁들의 내용을 살펴보면 다음과 같다.

첫째, 환율단일화. 독립 이후부터 우즈베키스탄의 환율시장은 크게 공식환율과 시장환율로 거래되었는데 시장환율은 늘 공식환율의 2배 혹은 3배에 달했다. 따라서 대부분의 우즈베키스탄 주민들과 외국인들은 2~3배 높은 시장환율을 선호할 수밖에 없었기 때문에 해당 국가의 외화는 시장으로 유입되고 거래되었다. 은행에서는 시장환율보다 낮은 공식환율로 달러를 우즈베키스탄 화폐인 숨soum으로 환전해주었기 때문에 주민들은 공식시장이 아닌 비공식 시장을 통해서 달러를 팔았다. 궁극적으로 우즈베키스탄 내에 존재하는 달러는 은행을 통해서 정부로 들어가는 것이 아니라 비공식적인 시장으로 유입되었다. 이러한 만성적인 이중환율과 불태환으로 인해서 한국, 중국 등 일부 국가들의 투자 외에는 대부분의 외국 기업들이 우즈베키스탄에 투자하지 않았다. 우즈베키스탄 정부는 정부대로 자국 내에 존재하는 달러가 은행이 아닌 시장에서 대부분 거래되고 있기 때문에 일차적으로 만성적인 외환부족을 해결하기 위해서 시장의 달러를 은행으로 유입할 정책의 필요성을 느꼈다. 실제로 우즈베키스탄 정부는 환율단일화 조치 이전까지 시장환율을 없애기 위해서 시장환율을 공식환율로 맞추게 하려고 시도했지만 시장환율은 오히려 매년 올라갔다. 미르지요예프는 2017년 7월 17일부터 7월 24일까지 국제통화기금IMF과 공식적으로 환율단일화에 관한 개혁을 논의하였다.[76] 그리고 그는 마침내 2017년 9월 5일 환율단일화 법령을 공표하였다.[77] 그러나 우즈베키스탄 정부는 1$=4,000숨이었던 공식환율을 1$=8,000숨이었던 시장환율에 맞추어서 단일화를 단행하였다.

둘째, 세금개혁.[78] 미르지요예프는 2018년부터 국제통화기금과 세계은행World Bank의 경제전문가들 및 국내외 기업가들과 수차례에 걸친 세금개혁과 관련된 회의를 통해서 본 과제를 추진할 의지를 공개적으로 보여주었다. 세금개혁안의 핵심은 세금부담의 감소와 조세체

---

76) https://www.imf.org/ru/News/Articles/2017/07/24/pr17296-statement-at-the-conclusion-of-an-imf-staff-visit-to-uzbekistan(검색일: 2021.07.01.)

77) https://mfa.uz/ru/press/smi/17737/(검색일: 2021.07.01.)

78) https://www.gazeta.uz/ru/2018/06/30/tax-concept/(검색일: 2021.07.01.)

계 간소화 그리고 조세행정의 개선이었다. 이러한 과정을 통해서 2018년 6월 29일에 '조세정책의 개선 개념'Концепция совершенствования налоговой политики과 관련된 대통령령을 공표하였으며, 2019년 1월 1일부터 본령이 시행되었다.

셋째, 경제개혁.[79] 미르지요예프 경제개혁의 핵심은 사기업의 양성과 비즈니스와 관련된 규제들을 철폐하여 사유재산 보장과 무역 확대를 추구하는 것이다. 이를 위해서 세부적으로 사업을 위한 각종 인허가 취득의 간소화, 기업 활동에 방해가 되는 규제 철폐, 비관세를 통한 국경무역 활성화, 투명한 조달제도 도입, 중소기업을 위한 세금 인센티브 제공, 통관 절차의 간소화, 대형 국유기업의 사유화, 경제통계 공개화 등을 추진하였다.

넷째, 교육개혁. 미르지요예프 교육개혁의 핵심과제는 11학년제로의 회귀, 통신 및 야간교육과정 부활, 대학입학시험의 투명성 향상, 교육기관 종사자의 급여 인상 등이다. 그는 카리모프 정권하에서 운영되었던 12학년제를 과거 소비에트체제 시스템인 11학년제로 다시 돌려놓았으며, 통신 및 야간교육과정을 부활시켰다.[80] 이와 같이 교육시스템을 과거의 것으로 돌려놓은 이유는 기술과 관련된 인재를 더욱 육성하고 교육의 기회를 확대시키겠다는 취지에서 비롯되었다. 또한 미르지요예프는 2017년 10월 16일에 '고등교육기관 입학시험 과정

---

79) https://mfa.uz/ru/press/smi/17737/(검색일: 2021.07.01.)

80) https://kaktakto.com/analitika/glavnye-itogi-2017-goda-v-uzbekistane-versiya-mirziyoeva/ (검색일: 2021.07.01.)

향상'과 관련된 대통령령을 공표하여 입시의 투명성을 높이려고 시도하였다.[81] 우즈베키스탄에서 대학교 입시 및 입학과 관련된 부정은 만성적이었기 때문이다. 그리고 교육개혁에서 무엇보다 중요하게 생각한 것은 교육기관에 종사하고 있는 교사 및 교수들의 급여를 2배로 인상시키겠다는 것이다.[82] 우즈베키스탄의 교직자 급여는 다른 업종의 종사자들보다 급여가 상당히 낮았기 때문에 일부 교사들은 학생들과 성적을 거래하기도 하였다.

다섯째, 부패퇴치.[83] 미르지요예프가 총리로 재직하고 있던 2016년 10월 5일에 발의되고 2017년 1월 3일에 최종적으로 공표된 '반부패법' the Anti-Corruption Act은 부패퇴치의 핵심도구가 되었다. 그는 2월 2일에 '부패방지위원회' the State Anti-Corruption Commission를 설치하여 본격적으로 개혁을 추진하였다. 실제로 위의 과정이 끝나고 우즈베키스탄의 주요 정부 기관에 공무원들이 다수 해고되고 고발되었다. 미르지요예프는 2018년 12월 7일에 개최된 헌법의 날 기념식에서 2018년 한 해 동안 1만 1천 명의 공무원이 부패혐의로 해고되었다고 밝혔다. 반부패법에 의해서 고발된 공무원들은 주로 대외경제성, 검찰, 민족안전국 등에서 근무하였다.

여섯째, 인권.[84] 미르지요예프의 인권 개혁은 부당하게 구속된 자들

---

81) https://themag.uz/post/5-glavnyh-izmemeniy-ekzamenov(검색일: 2021.07.01.)
82) https://informburo.kz/stati/10-glavnyh-izmeneniy-v-uzbekistane–za-vremya-prezidentstva-shavkata-mirziyoeva.html(검색일: 2021.07.01.)
83) https://uz.sputni knews.ru/politics/20190329/11108418.html(검색일: 2021.07.01.)
84) https://www.hrw.org/world–report/2019/country-chapters/uzbekistan(검색일: 2021.07.01.)

의 석방, 강제노동 폐지에 초점을 맞추고 있다. 그는 카리모프 정권하에 부당하게 구속되었다고 판단되는 인권운동가와 정치범들을 대거 석방시켰다. 국제인권감시기구는 우즈베키스탄 정부가 30명 이상의 유력 정치인, 이슬람 극단주의와 관련이 있다고 평가받은 17,000명을 블랙리스트에서 삭제했다고 밝혔다. 우즈베키스탄에서 목화는 중요한 농산물이기 때문에 매년 가을에 고등학생, 대학생, 교사 그리고 공무원 등 수백만 명이 수확에 강제 동원되었다. 앞에서 언급했듯이, 미르지요예프 역시 이러한 강제노동을 주도했던 지도자였다. 그러나 그는 2017년 9월 19일 유엔총회 연설에서 공개적으로 목화 수확기의 강제노동을 인정하고 앞으로 이를 폐지하겠다고 밝혔다.

앞에서 언급했듯이, 미르지요예프가 반부패위원회 위원장으로 알마토프를 임명한 것은 이노야토프에게 선전포고를 한 것이나 다름이 없었다. 그리고 민족안전국의 권력에 맞설 수 있는 내무부 장관으로 동향의 최측근을 앉힌 것도 같은 맥락이다. 미르지요예프는 대통령에 당선되고 난 후 즉시 아지모프를 재무부장관에서 해임시켰으며, 2017년 6월 6일에는 그를 부총리 자리에서도 물러나게 했다.

미르지요예프는 다음과 같은 이유를 들어서 아지모프를 부총리직에서 해임시켰다.[85]

첫째, 2017년 1월에 미르지요예프는 급여, 연금 및 기타 지불금이 은행에 직접 입금되고 이후 국민들이 현금자동인출기에서 돈을 찾는 은

---

85) https://www.rferl.org/a/qishloq-ovozi-azimov-out-uzbekistan-government/28531755.html
(검색일: 2021.07.01.)

행카드결제시스템의 실패에 대해 아지모프를 공개적으로 비난하였다.

둘째, 미르지요예프는 언론을 동원하여 아지모프를 비난하는 급여 생활자들과 연금생활자들의 불만을 공개적으로 보도하도록 했다.

셋째, 미르지요예프는 2017년 5월 29일 외국투자 관련 회의에서 터키로부터 20억 달러에 달하는 투자를 받지 못한데 대해서 아지모프가 책임져야한다고 공개적으로 비난하였다. 아지모프는 회의가 종료된 직후 부총리직에서 사임하겠다고 밝혔다.

미르지요예프가 추진한 개혁들을 순차적으로 정리하면, 첫 번째가 부패퇴치, 두 번째가 환율단일화, 세 번째가 인권 순이었다. 여기서 세 가지 의문점이 생긴다.

첫째, 왜 집권하자마자 타슈켄트 파벌을 자극할 수 있는 알마토프를 반부패위원장에 임명하고 아지모프를 재무부장관에서 해임시켰을까?

둘째, 미르지요예프 자신도 카리모프 정권하에서 이중환율의 혜택을 받았고 국가경제의 운명을 좌우할 만큼 중대한 개혁인 환율단일화를 하는 것이 부담이 되었을 것이다. 그런데 왜 25년 동안 해결하지 못한 환율단일화를 굳이 서둘러서 추진해야만 했는가?

셋째, 왜 과거 정권에서 투옥되고 망명을 떠나야만했던 반정부 성향의 인사들을 석방하고 사면시켰을까? 미르지요예프도 전 정권에서 총리를 했기 때문에 이 부분에 대한 부담과 책임이 있는데도 불구하고 말이다.

위 세 가지 의문점을 해결할 수 있는 답은 이노야토프와 민족안전국에서 찾을 수 있다. 다시 말하면 미르지요예프의 주요 개혁 과제들은 이노야토프의 민족안전국이 수행하는 업무와 충돌하기 때문이다. 그 이유는 다음과 같다.

첫째, 환율단일화. 민족안전국은 과거 정권에서 시장환율에 개입하여 환율조정을 담당하였으며, 이러한 과정에서 막대한 이익을 챙길 수 있었다. 예를 들면, 시장에서 활동하는 달러상들을 불시에 단속하여 시장환율을 떨어뜨리고 이때 숨으로 달러를 구입한 후 다시 시장환율이 원위치 혹은 더 올라가면 달러를 팔아서 더 많은 숨을 가질 수 있었다.[86] 이노야토프에게 이중환율은 부수적인 수익을 얻을 수 있게 해주고, 국가의 통화 흐름을 자신의 임의대로 관리하게 만들어 최고의 권력을 유지할 수 있게 해주는 존재였다.[87] 따라서 법적으로 환율단일화가 시작되면서 이노야토프와 민족안전국은 이와 같은 작업을 할 수 없게 되고 결과적으로 수익이 줄어들게 되었다.

둘째, 세금개혁. 미르지요예프의 세금개혁에는 관세도 포함되어 있다. 민족안전국은 국경수비와 세관업무를 맡고 있기 때문에 관세개혁이 시행되면 자신의 고유 업무를 침해 받게 된다. 민족안전국은 우즈베키스탄에서 가장 강한 권력기관이기 때문에 국경과 세관에 자신의 권력을 이용하여 보이지 않는 막대한 이익을 얻을 수 있다. 미르지요예프는 환율단일화로 수입상품 가격이 올라가게 되자 이를 해결하기

---

86) 타슈켄트에서 시장환율이 어느 날 갑자기 급락하면 대부분 민족안전국이 시장에 개입했다고 말한다.

87) https://carnegie.ru/commentary/68260(검색일: 2021.07.01.)

위해서 관세를 대폭 삭감하거나 면세품목을 확대시키는 방안을 고려하고 있다.[88]

셋째, 경제개혁. 이 부분도 세금개혁과 동일하게 나타난다. 미르지요예프 경제개혁의 목표는 비즈니스 친화적인 환경을 만드는 것이기 때문에 추진해야 하는 과제들 중에서 비관세를 통한 국경무역 활성화와 통관 절차의 간소화는 민족안전국에게 영향을 줄 수밖에 없다.

넷째, 부패퇴치. 미르지요예프의 실질적인 부패퇴치 대상은 민족안전국이었다. 민족안전국은 자국의 주요 수출품인 목화, 금, 가스로부터 얻는 수익에 대해서 일정 부분의 지분을 가져가는데 이것을 투명하게 운영하지 않는 것으로 알려져 있다.[89] 실제로 반부패법 발효 이후 부패와 연루된 민족안전국 직원이 해고되고 고발되었다.[90]

다섯째, 인권. 인권문제 역시 민족안전국과 직접적인 연관성을 가진다. 카리모프 정권에서 부당하게 체포당하고 고문을 받고 교도소에서 복역한 자들은 대부분 민족안전국에 의해서 그렇게 되었다. 특히 이슬람 극단주의와 관련이 있을 것으로 예상되는 자들을 감금시키는 것은 민족안전국의 주요 업무였다. 민족안전국의 입장에서 미르지요예프가 이들을 석방시키고 사면시키는 것은 용납하기 힘든 사실이었다.

---

88) https://informburo.kz/stati/10-glavnyh-izmeneniy-v-uzbekistane–za-vremya-prezidentstva-shavkata-mirziyoeva.html(검색일: 2021.07.01.)

89) https://www.themoscowtimes.com/2017/03/23/the-power-struggle-dividing-uzbekistans-leadership-a57515(검색일: 2021.07.01.)

90) http://anhor.uz/society/prepodavately-kolledzha-popalsya-na-meste-prestupleniya(검색일: 2021.07.01.)

이노야토프는 자신의 이익에 반하는 이러한 미르지요예프의 개혁에 반대하는 일련의 행동들을 실행하였다.

첫째, 환율단일화 반대. 미르지요예프는 환율단일화를 2017년 9월 5일보다 더 일찍 발표하고 싶었지만 이노야토프가 반대해서 일정이 늦어졌다.[91] 앞에서 언급했듯이, 이노야토프는 민족안전국의 권력을 이용해서 이중환율을 통해 부가적인 수익을 얻고 국가 경제를 자신의 의향대로 움직여 민족안전국을 최고의 권력기관으로 유지하고자 했다. 따라서 이노야토프는 미르지요예프의 환율단일화 정책에 강력하게 반대할 수밖에 없었다.

둘째, 입국비자 면제 반대[92]. 미르지요예프는 자국으로 여행객 유치를 증가시키고 외국투자 유치를 활성화시키기 위해서 주요 국가 27개국 국민들에게 입국비자를 면제시켜주는 대통령령을 2017년 1월 9일에 공표하였다. 그러나 우즈베키스탄 정부는 이 대통령령을 4년 뒤로 연기해서 실행한다고 재발표하였다. 그 이유는 이노야토프가 이러한 대통령령은 국가의 안보에 위협을 줄 수 있다고 하면서 반대했기 때문이었다.[93] 미르지요예프는 2018년 2월 10일부터 한국, 이스라엘, 인도네시아, 말레이시아, 싱가포르, 터키, 일본 등 7개국 국민에게만 30일 동안 무비자로 우즈베키스탄을 방문할 수 있도록 허용하였다.

셋째, 타지키스탄과 항공노선 재개 반대. 미르지요예프는 집권 이후

---

91) https://www.bbc.com/russian/features-41269455(검색일: 2021.07.01.)

92) https://worldview.stratfor.com/ article/resistance-reform-uzbekistan(검색일: 2021.07.01.)

93) https://carnegie.ru/commentary/68361(검색일: 2021.07.01.)

1992년에 타지키스탄의 시민전쟁 때문에 중단되었던 양국의 항공노선을 2017년 4월부터 25년 만에 재개하는데 합의했다.[94] 그러나 타지키스탄 국적항공기인 소몬항공Somon Air이 타슈켄트로 역사적인 출발을 앞두고 갑자기 비행을 취소하였다. 그 원인은 기술적인 문제로 알려졌으나 사실은 이노야토프가 타지키스탄과의 비행재개를 반대했기 때문에 일어난 결과였다. 이노야토프는 항공노선 재개로 타지키스탄으로부터 이슬람 극단주의자들이 타슈켄트로 입국할 수 있다고 미르지요예프의 결정에 반대하였다.[95]

이와 같은 이노야토프의 일련의 행동들은 첫째로 이노야토프가 미르지요예프와 각 지역파벌의 최고 실세 자격으로 권력을 공유하겠다는 사전합의를 통해서 아지모프의 출마를 막고 미르지요예프를 지지했는데 개혁이라는 명분으로 자신과 민족안전국을 위협하는 미르지요예프에게 배신감이 컸음을, 둘째로 미르지요예프 역시 과거 정권의 정책을 주도했고 대선 과정에서도 카리모프의 정책을 승계한다고 공약을 내걸었던 자였기 때문에 과거 정책에 반하는 개혁을 추진하는 미르지요예프에게 강한 불만을 가졌다는 것을 나타낸다.

미르지요예프는 굴하지 않고 2018년 1월 31일에 이노야토프를 전격적으로 해임한다.[96] 미르지요예프는 이날 민족안전국 회의실에서 국회의원, 외교관, 기자들을 모아놓고 민족안전국이 그 동안 자행한

---

94) https://www.eurasiatimes.org/en/14/04/2017/uzbek-tajik-flights-resume/(검색일: 2021.07 .01.)
95) https://carnegie.ru/commentary/68260(검색일: 2021.07.01.)
96) https://www.bbc.com/news/world-asia-42887336(검색일: 2021.07.01.)

우즈베키스탄의 역사

협박, 고문, 불법도청, 불법수사를 신랄하게 공개적으로 비판했다.[97]

미르지요예프는 정적이었던 아지모프와 이노야토프를 대선 이전의 협약을 깨고 모두 해고하였다. 그리고 그들의 자리에 자신의 측근들을 모두 앉히고 권력을 공고히 했다.

---

97) https://www.intellinews.com/uzbek-president-mirziyoyev-sacks-veteran-security-chief-inoyatov-136053/(검색일: 2021.07.01.)

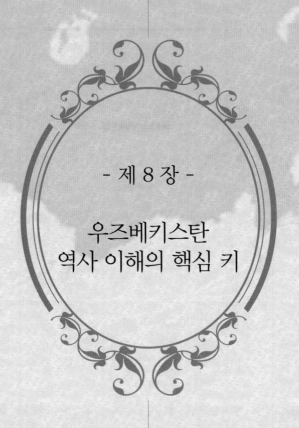

- 제 8 장 -

우즈베키스탄
역사 이해의 핵심 키

1. 침략과 지배의 역사

지금까지 우즈베키스탄 지역에서 발생했던 역사를 살펴보았다. 이 지역의 역사를 연구하는데 나타나는 어려움의 시작은 바로 동시대 강대국들의 침략과 지배로 점철된 역사였다는 것이다. 우즈베키스탄 지역에서 발생한 역사는 주변 강대국들의 지속적인 침략과 장기간의 지배로 이루어졌다. 앞에서 살펴본 것처럼, 아케메네스왕국부터 제정러시아와 소비에트연방까지 동시대의 강대국들이 이곳을 침략하고 장기간 지배하였다.

그렇기 때문에 침략자들의 입장에서 본 역사관이 이곳을 지배하고 있다. 이곳 원주민들의 관점에서 본 역사를 찾아볼 수 없는 것도 문제이다. 그것은 이 지역 원주민들에 의해서 만들어진 사서(史書)가 존재하지 않기 때문이기도 하다. 동시대의 강대국들이 이곳을 침략하고 장기간 지배했기 때문에 우즈베키스탄 지역에서 발행한 역사 문헌들이 거의 없는데다가 7세기 아랍의 침략 당시에 이전에 서술되었던 여러가지 문서들이 불태워져서 거의 문서가 남아있지 않다. 그래서 결국 지배국의 역사 문헌들을 참조해야 한다. 아케메네스왕조부터 제정

호레즘 소그드 박트리아

아케메네스왕조 → 알렉산더 대왕(그리스-마케도니아, 그리스-박트리아) → 스키타이 남하 → 쿠샨왕조 → 에프탈 → 투르크 1차 남하 → 아랍이슬람 → 사만조 페르시아 → 투르크 2차 남하 (카라한조, 가즈나조, 셀죽조, 호레즘 샤왕조, 카라키타이) → 몽골(차가타이칸국) → 티무르왕조 → 우즈베크 남하 → 우즈베크 3칸국 → 러시아제국 → 소비에트연방 → 소비에트연방 붕괴

독립 우즈베키스탄

• 우즈베키스탄 지역 역사 흐름도

러시아까지 이곳을 지배했던 국가들의 역사 문헌에서 지금 우즈베키스탄 지역의 내용을 연대순을 나열하면 그것이 이 지역의 역사가 된다. 그러나 앞에서도 이야기했듯이 지배국의 역사이기 때문에 그들의 관점, 그들의 주관에 의해서 역사가 서술되어 있어서 객관성을 찾기가 힘들다. 게다가 지배국의 언어는 모두 어려운 언어들이다. 이 지역을 지배했던 국가들의 언어는 페르시아어, 그리스어, 아랍어, 몽골어, 러시아어이며, 이곳과 관련이 있는 국가의 언어는 중국어, 투르크 제어 등이다. 한마디로 배우기 어렵다고 하는 언어들이 모두 모여 있다. 따라서 한 개인이 이곳의 역사 문헌들을 읽고 정리하고 분석하여 역사책을 발간하는 것은 너무나 힘겨운 작업이다. 실제로 지금의 우즈

베키스탄 지역과 관련된 통사는 몇 권에 불과하다. 게다가 역사가 제대로 정리가 안 된 상태에서 왜곡된 내용과 학설이 난무한다. 유목민들은 기록을 남기지 않기 때문에 그리고 기록된 내용들이 불에 태워졌거나 사라졌기 때문에 그리고 지배국의 역사이기 때문에 이 지역의 역사로 남겨진 내용들은 반드시 의문을 가지고 접근해야 하고 이해해야 한다.

이 지역의 역사는 실크로드를 통해 찬란한 문명을 만들었다. 히바, 부하라, 사마르칸트, 발흐, 헤라트는 중세의 위대한 도시들이었고, 이를 연결시켜 '문명의 초승달'이라고 말할 수 있다.

문명의 초승달은 아무다리야 주변에 조성된 오아시스 도시들을 의미한다.

지금 이란의 북부이자 아무다리야의 남부는 과거에 대(大)호라산이

• 문명의 초승달

• 아흐마드 야사위, 부하라 소재 낙쉬반디 영묘, 사마르칸트 소재 이맘 부하리 영묘

라고 불렸다. 그리고 아무다리야 너머는 앞에서 언급했듯이, 꿀과 젖이 흐르는 트랜스옥시아나였다.

히바는 러시아로 연결되는 주요한 길목이자 실크로드와 초원의 길을 연결시켜주는 요충지이며, 과거 몽골제국에 처참하게 보복당한 호레즘 샤 왕조의 수도였다.

부하라는 중앙아시아 최대의 종교도시로 이슬람 수피즘의 대가들인 아흐마드 야사위Ahmed Yassayi, 낙쉬반디Baha-ud-Din Naqshband Bukhari 그리고 부하라를 이슬람 연구의 메카로 만든 이맘 부하리Muhammad ibn Ismail al-Bukhari 등을 배출했다.

테르메즈는 불교를 국교로 삼았던 과거 쿠샨왕조의 중심이었으며, 현재의 파키스탄이자 과거 북인도와 중앙아시아를 연결하는 길목이었다.

현재 투르크메니스탄의 마리Mary에 해당하는 메르브Merv는 미국의

저명한 역사학자인 챈들러Tertius Chandler가 1987년 인류 4천 년 동안
의 최고 도시를 선정하면서 12세기에는 이 도시가 그 자리를 차지한
다고 주장하였으며, 실제로 메르브는 고대 조로아스터교의 중심이었
으며 실크로드의 교착지로서 기능을 하였다.

발흐는 테르메즈에서 아무다리야를 건너면 바로 만나는 아프가니스
탄의 도시이며, 조로아스터의 창시자 조로아스터의 영묘가 존재한다.

헤라트는 과거 페르시아 북동부에서 번성한 도시로 호라산 문명의
진주로 불렸다.

이처럼 지금 우즈베키스탄의 역사는 동시대 강대국들의 침략과 지
배로 얼룩진 역사를 가지고 있지만, 한편으로는 실크로드의 역사 도
시들로 만든 '문명의 초승달'을 품고 있었다.

2. 불교와 조로아스터교 사원의 이슬람 사원화

앞에서 현재 우즈베키스탄 지역의 역사는 동시대 강대국들의 침략
과 장기간의 지배로 만들어졌다고 했다. 이러한 과정을 통해서 이 지
역에는 지배국의 다양한 문화와 문명이 이식(移植)되었다.

조로아스터교, 오리엔탈리즘, 불교, 이슬람, 유목문화, 무속신앙,
러시아문화, 소비에트문화

그런데 중요한 것은 이러한 지배국들의 문화와 문명이 지금까지도

'중층적'으로 공존하고 있다는 것이다.

기존의 지배국을 무너뜨린 새로운 지배국은 전자의 문화와 문명을 파괴시키고 자신의 문화와 문명을 새롭게 이식시키는 것이 아니라 기존의 문화와 문명 위에 자신의 그것을 올려놓았다. 예를 들면, 조선이 건국되면서 고려의 불교가 사실상 말살되는 것과 달리 불교 위에 유교를 올려놓은 것처럼 지금의 우즈베키스탄에 존재했던 다양한 지배국의 문화와 문명은 중층적으로 쌓이고 서로 간에 공존해 왔다.

나브루즈로 새해를 맞이하고, 이슬람사원에서 예배를 드리고, 러시아어 학교를 졸업한 우즈베크인

부하라에 있는 '마고키 아타리 모스크'Magoki - Attori Mosque는 이러한 우즈베키스탄 지역의 '문명의 중층적 구조'를 보여주는 대표적인 건축물이다. 이 건물은 12세기 카라한조에 의해서 이슬람 사원으로 활용되었지만, 그 이전까지는 불교, 조로아스터교, 유대교의 사원으로 공존하였다. 건물 곳곳에 이들 종교의 흔적이 지금도 남아있다.

'문명의 중층적 구조'로 인해 만들어진 현재 우즈베키스탄에 존재하

• 마고키 아타리 모스크

는 다양한 문화와 문명은 그 뿌리가 되는 문화와 문명과는 조금 다른 변형된 모습을 가지고 있다. 투르크와 몽골의 유목문화는 이슬람과 소비에트체제와 공존하면서 그리고 페르시아의 문화와 아랍의 이슬람은 소비에트체제와 공존하면서 원형과는 다른 모습들로 조금씩 변형되었다.

지금 우즈베키스탄의 나브루즈, 이슬람, 유목문화는 그 뿌리가 되는 이란의 나브루즈와 아랍의 이슬람과 몽골과 투르크의 유목문화와 조금 다르게 나타나고 있다. 그것은 중층적 문화의 특성을 고스란히 드러내고 있다. 이슬람 문화와 몽골 문화 그리고 투르크의 원형 문화를 소비에트체제가 변화를 주어서 만든 새로운 중층적 문화가 바로 지금의 우즈베키스탄이다.

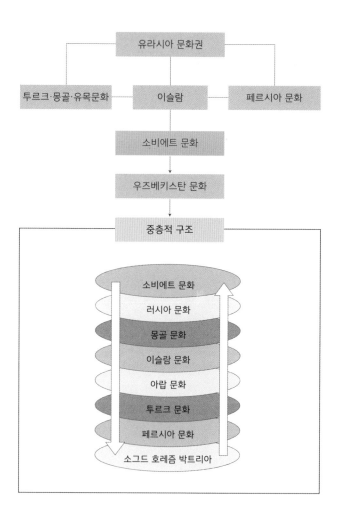

에·필·로·그

우즈베키스탄을 지배하는 자는 세계를 지배한다

앞에서 강조했듯이, 지금의 우즈베키스탄 지역은 시르다리야와 아무다리
야 사이의 비옥한 옥토와 농사짓기 좋은 날씨를 가진 젖과 꿀이 흐르는 땅
이다. 이러한 장점 때문에 동시대 강대국들은 이곳을 차지하고 싶어 했다.
이러한 우즈베키스탄의 장점은 과거뿐만 아니라 현대에서도 더 중요하게
평가받고 있다.

미국 카터 행정부의 국가안보담당 특별보좌관이자 저명한 정치학자인 지
비그뉴 브레진스키Zbigniew Brzezinski는 자신의 저서 『거대한 체스판The Grand
Chessboard』에서 다음과 같이 주장하였다.

약 500년 전 세계의 대륙들이 서로 정치적인 관계를 맺기 시작한
이래로 유라시아는 계속해서 세계 권력의 중심에 위치하고 있었다.
……이 과정에서 유라시아 국가들은 특별한 지위를 획득했고, 세계

일등 국가로서 특권을 향유하였다. ……그러므로 전 세계적인 유라 시아의 국제 관계를 어떻게 다룰 것인가, 특히 패권적이고 적대적 인 유라시아 강국의 부상을 저지할 수 있느냐 없느냐 하는 문제는 미국이 세계 일등적 지위global primacy를 유지하는 데 핵심적인 사안 으로 남아 있다.

책 속 브레진스키의 주장은 다음과 같이 정리된다.

첫째, 냉전체제의 붕괴는 유라시아의 부활을 의미한다. 이것은 미국 이전 에 세계 권력의 중심에 있었던 유라시아대륙이 미국의 세계 일등적 지위를 위협하는 잠재력을 가진다는 뜻이다.

둘째, 잠재적인 위협을 제공할 구체적인 국가들이 현재 부활하고 있다. 이것은 주지하는 바와 같이 중국, 인도, 러시아 등 기존에 유라시아를 흔들 었던 과거 강대국이 미국의 현재 지위에 치명타를 가할 수 있다는 뜻을 내 포하고 있다.

셋째, 이러한 환경에서 미국은 지구상 유일의 초강대국 지위를 유지하기 위해 유라시아에 대한 전략적 접근이 필요하였다. 이것은 북미에서 '리모 컨'으로 이들과 경쟁하는 것이 아니라 직접 유라시아대륙으로 군사적 진출 을 감행해야 함을 의미한다.

그는 계속해서 다음과 같이 이야기한다.

그러므로 유라시아는 세계 일등의 지위를 유지하려는 미국의 투쟁이 계속되고 있는 하나의 거대한 체스판이며, 그 투쟁은 지정학적 이익을 전략적으로 관리한다는 의미에서 지정학적 전략과 매우 밀접한 관련이 있다. 비교적 최근에 전 세계적인 권력을 향한 야심을 불태운 아돌프 히틀러와 조세프 스탈린이 1940년 11월에 가진 비밀 협상에서 미국을 유라시아로부터 배제하는 데 합의했던 사실은 주목할 만하다. 두 사람은 유라시아에 미국의 힘이 투사될 경우, 세계를 지배하려는 자신들의 야심이 달성될 수 없다는 사실을 잘 알고 있었던 것이다. 그들은 유라시아가 세계의 중심이며, 유라시아를 지배하는 자가 세계를 지배한다는 가설을 공유하고 있었다.

브레진스키의 핵심 주장은 이 문장에 나타난다.

유라시아를 지배하는 자가 세계를 지배한다.

그런데 이 문장은 브레진스키가 처음으로 사용한 것이 아니다. 19세기 말 대영제국의 지리학자 맥킨더Halford Mackinder가 이미 주장을 한 것이다. 그는 자신의 저서 『민주주의의 이상과 현실Democratic Ideals and Reality』에서 다음과 같은 문장을 남겼다.

동유럽을 지배하는 자는 심장부를 지배한다.
심장부를 지배하는 자는 대륙을 지배한다.
대륙을 지배하는 자는 세계를 지배한다.

위의 문장이 국제정치학자들에게 명언으로 불리는 '심장지대'Heart Land이
론이다. 맥킨더의 이러한 주장은 당시에 아무도 생각하지 못한 파격적인 전
략으로 여겨졌다. 세계의 바다를 중심으로 제국주의적 팽창을 통해 초강대
국으로 지위를 유지한 대영제국은 해가 지지 않는 나라라고 불릴 만큼 그
세력이 엄청났다. 대영제국은 해양세력의 선두주자이자 지구촌의 패권국가
였다.

지구상의 세력은 두 세력으로 나눌 수 있다.
그것은 대륙세력과 해양세력이다.

대륙세력은 앞에서 언급한 유라시아 대륙에 존재하는 중국, 인도, 러시아
등을 지칭하며, 해양세력은 실크로드가 차단된 15세기 이후 바닷길로 인도
를 발견하기 위해 항해를 떠난 유럽대륙에 존재하는 포르투갈, 스페인, 프
랑스, 영국 등을 의미한다.

다시 말하면 15세기 이전까지 유럽대륙은 유라시아대륙의 국가들에 적
수가 되지 못했다. 중국, 몽골제국, 인도 등의 경제력과 군사력은 이들을 압
도하였다. 그러나 해양로를 개척하며 아시아와 아프리카에 식민지를 건설

하며 제국주의식 경영을 운영한 해양세력들은 고도의 경제성장을 발판으로 군사력이 유라시아의 국가들을 앞서가기 시작했다.

결국 19세기에 접어들면서 양 세력의 힘은 역전되었으며 급기야 유라시아의 맹주들은 해양세력의 식민지가 되고 말았다. 이러한 해양세력의 전성기 역사에는 대영제국이 있었으며 그의 후손이 건국한 미국이 대를 잇고 있었다. 해양의 패자로 최고의 세력을 구가하던 대영제국의 고민은 현재의 미국과 마찬가지였다.

변화된 세상에서 어떻게 하면 대영제국이 초강대국의 지위를 유지할 수 있을까?

이러한 과제를 해결하는데 맥킨더는 유라시아 대륙으로의 진출을 주장하였다. 실제로 대영제국은 5대양 6대주에 식민지를 건설하였지만 유라시아 대륙에 자신의 식민지를 만들지 못했다. 물론 인도와 중국으로 자신의 세력을 확장시켰지만 언제나 해안에서 멈추었다. 맥킨더는 여기서 제국의 불안한 면을 발견하였다. 그는 다음과 같은 가능성을 염려하였다.

만약에 해양세력이 바다에서 도저히 접근할 수 없는 대륙의 심장지대에 과거 몽골제국과 같은 강대국이 성장한다면 이는 대영제국에 치명적인 타격을 줄 것이다. 따라서 이러한 세력들이 부상하기 전에 유라시아의 심장지대를 장악해야만 한다.

그는 대영제국이 현재의 지위를 유지하기 위해서는 기존의 해양과 더불어 새롭게 유라시아의 심장인 동유럽, 시베리아, 중앙아시아로 진출해야만 한다고 결론을 내렸다. 미국 역시 대영제국과 동일한 '해안의 제왕'이었기 때문에 브레진스키를 비롯한 미국의 전략가들은 맥킨더의 가설에 무게를 두고 미국의 국제적 지위를 유지하는 전략으로 유라시아 심장지대로 향한 작업을 계획하였다. 그러나 상황은 맥킨더와 달랐으며 다급해졌다. 이미 그가 우려하였던 심장지대에는 과거의 대륙세력이었던 중국, 러시아, 인도 등이 강국으로 성장하려는 움직임을 보였기 때문이다.

19세기 대영제국은 중앙아시아를 차지하려고 시도하였으나 이미 그 지역을 차지한 러시아제국의 대응에 막혀 결국 힌두쿠시를 넘지 못했다. 그러나 미국은 2001년 9.11테러를 통해 아프가니스탄과 전쟁을 하면서 이 목적을 달성하였다.

브레진스키의 주장과 미국의 전략을 정리하면 다음과 같은 문장이 다시 나온다.

중앙아시아를 지배하는 자는 심장부를 지배한다.
심장부를 지배하는 자는 유라시아대륙을 지배한다.
유라시아대륙을 지배하는 자는 세계를 지배한다.

그리고 주지하는 바와 같이 중앙아시아의 심장에는 우즈베키스탄이 존재하고 있다. 과거나 현재나 우즈베키스탄은 강대국들이 가지고 싶어 하는 땅

임에는 틀림없다.

참·고·문·헌

- EBS 세계사 교재
- 국토지리정보원 2017년 세계지도
- 김호동. 「15-16세기 중앙아시아 신유목집단(新遊牧集團)들의 동향: 전기(前期) 모굴한국(汗國)의 붕괴(崩壞)와 관련하여」 『러시아연구』 3. 1993.
- 나가사와 가즈도시. 이재성 옮김. 『실크로드의 역사와 문화』 1991. 민족사.
- 룩 콴텐 지음, 송기중 옮김. 『유목민족제국사』 1990. 민음사.
- 르네 그루세 지음, 김호동·유원수·정재훈 공역. 『유라시아 유목제국사』 1998. 사계절.
- 서규환, 이완종. 『사회주의와 민족문제』 『슬라브연구』 23(1). 2007.
- 신용하. 「"민족"의 사회학적 설명과 "상상의 공동체론" 비판」 『한국사회학』 40(1). 2006.
- 최대희. 『소비에트 민족 정책과 스탈린의 민족 문제 해결』 『인문과학』 16. 2003.

- Akbarzadeh, Shahram. "*Nation-building in Uzbekistan*," Central Asian Survey, 15(1), 1996.
- Akiner, Shirin. "*Post Soviet Central Asia: Past is prologue*," in The New Central Asia and it's Neighbours, eds. Peter Ferdinand (London: Pinter Publisher, 1994).
- Allworth, Edward. *Central Asia, 130 Years of Russian Dominance: A Historical Overview* (Durham, N.C. and London: Duke University Press, 1994).
- Allworth, Edward. *The Modern Uzbeks: From the Fourteenth Century to the Present: A Cultural History* (Stanford, CA: Hoover Institution Press, 1990).
- Aydin, Gülen. *Authoritarianism versus Democracy in Uzbekistan: Domestic and International Factors* (Middle East Technical University, Thesis of the degree of Master of Science, 2004).(http://etd.lib.metu.edu.tr/upload/12604690/inde x.pdf(검색일: 2021.07.01.))
- Bohr, Annette. *Uzbekistan: Politics and Foreign Policy* (London: Royal Institute of

International Affairs, 1998).

- Carlisle, Donald. *"Soviet Uzbekistan: State and Nation in Historical Perspective"* in *Central Asia' in Historical Perspective*, eds. Beatrice F. Manz (Boulder, Colo.: Westview Press. 1994).
- Drobizheva, Leokadia. *Ethnic Conflict in the Post-Soviet World: Case Studies and Analysis* (Armonk, NY: M. E. Sharpe, 1996).
- ICG Asia Report. *"Central Asia: Uzbekistan at 10: Repression and Instability,"* 21. 2001. (https://d2071andvip0wj.cloudfront.net/21-uzbekistan-at-ten-repression-and-instability.pdf(검색일: 2021.07.01.))
- Kaniuth, Kai. *"The Metallurgy of the Late Bronze Age Sapalli Culture (Southern Uzbekistan) and its implications for the 'tin question',"* Iranica Antiqua, 42. 2007.
- Karimov, Islam. *Uzbekistan on the Threshold of the Twenty-First Century* (Tashkent: Uzbekistan Publishing House, 1997).
- Krivoshapkin, Andrey. *"Middle Paleolithic variability in Central Asia: Lithic assemblage of Sel'Ungur cave,"* Quaternary International, 535(10) 2020.
- Markowitz, Lawrence. *"How master frames mislead: the division and eclipse of nationalist movements in Uzbekistan and Tajikistan,"* Ethnic and Racial Studies, 32(4), 2009.
- McGlinchey, Eric. *"Islamic Leaders in Uzbekistan,"* Asia Policy, 1(1), 2006.
- Rashid, Ahmet. *Rise of Militant Islam in Central Asia* (New Heaven and London: Yale University Press, 2002).
- Togan, Zeki Velidi. *"The Origins of the Kazaks and the Uzbeks,"* in *Central Asia Reader: The Rediscovery of History*, eds. by Paksoy, H. Armonk, B. (New York: M. E. Sharpe, 1994).
- Uchiyama, Junzo., Gillam, Christopher., Savelyev, Alexander., Ning, Chao. *"Populations dynamics in Northern Eurasian forests: A long-term perspective from Northeast Asia,"* Evolutionary Human Sciences, 2, 2020.
- Walker, Edward. *"Islam, Islamism and Political Order in Central Asia,"* Journal of International Affairs, 56(2), 2003.

- Бахрушина, С. В. и Непомпипа, В. Я. и Шишкина, В. Л. *История народов Узбекистана.* (Ташкент: Изд-во ЛН УзССР). –Т. 2. 1947.

- Вамбери, Г. *Путешествие по Средней Азии*. СПб., 1865.
- *Всемирная иллюстрация*: журнал. -Т. 10. -No. 243. 1873.
- Гейер, И. Туркестан. *Ташкент*, 1909.
- Иванов, П. П. *Очерки но истории Средней Азии (XVI середина XIX в.)*. (М.: Изд-во восточной литературы), 1958.
- Ильхамов, А. *Этнический атлас Узбекистана*. Институт Открытое Общество. 2002.
- *История Узбекская ССР*. -Т. 1. Ташикент. 1967.
- Логофет, Д. Н. *Бухарское ханство: под русским протекторатом*. СПб., -Т. 1. 1911.
- Масальский, В. И. *Туркестанский край* (Под ред. Семенова, П. П. Тян-Шанский, Ламанский, В. И.) СПб., -Т. 19. 1913.
- *Узбекско-Русский Словарь* (Ташкент: Ташкент, 1988)
- Шаниязов, К. *Некоторые вопросы о процессах формирования узбекского народа*. ОНУ. -Т. 6. 1996.

- *Ўзбекистон халқ тарихи*. -Т. 1. (Тошкент: Шарқ, 1997).
- *O'zbek Tilining Kirill va Lotin Alifbolaridagi Imlo Lug'ati* (Toshkent: Sharq, 2004).

- http://iseees.berkeley.edu/bps/publications/2003_06-naum.pdf(검색일: 2021.07.01.)
- http://anhor.uz/society/prepodavately-kolledzha-popalsya-na-meste-prestupleniya(검색일: 2021.07.01.)
- http://archive.qalampir.uz/news/zokir-almatov-xukumat-ishiga-qaytarildi-5275(검색일: 2021.07.01.)
- http://carnegieendowment.org/files/cp_82_olcott2_final.pdf(검색일: 2021.07.01.)
- http://caspianet.eu/2017/05/14/smooth-succession-uzbekistans-second-president/(검색일: 2021.07.01.)
- http://contents.nahf.or.kr/item/item.do?levelId=edeao.d_0002_0010_0020(검색일: 2021.07.01.)
- http://countrystudies.us/uzbekistan/47.htm(검색일: 2021.07.01.)
- http://data.un.org/CountryProfile.aspx?crName=UZBEKISTAN(검색일: 2021.07.01.)
- http://strategy.gov.uz/en(검색일: 2021.07.01.)

- http://tkti.uz/en/news/view/5901(검색일: 2021.07.01.)
- http://uis.unesco.org/country/UZ(검색일: 2021.07.01.)
- http://www.atlasnews.co.kr/news/articleView.html?idxno=1907(검색일: 2021.07.01.)
- http://www.rferl.org/content/article/1052177.html(검색일: 2021.07.01.)
- http://www.sanat.orexca.com/eng/2-05/battle-piece.shtml(검색일: 2021.07.01.)
- https://vvprohvatilov.livejournal.com/305257.html(검색일: 2021.07.01.)
- https://carnegie.ru/commentary/68361(검색일: 2021.07.01.)
- https://carnegie.ru/commentary/68260(검색일: 2021.07.01.)
- https://commons.wikimedia.org/wiki/File:Pasargadae,_the_first_capital_of_the_
  Achaemenid_Empire,_Iran_(48835448233).jpg(검색일: 2021.07.01.)
- https://en.fergana.ru/news/115112/#gallery(검색일: 2021.07.01.)
- https://en.topwar.ru/164200-imperija-chingishana-i-horezm-nashestvie.html(검색
  일: 2021.07.01.)
- https://eurasianet.org/after-two-years-uzbekistan-still-looks-wobbly-on-the-
  reform-tightrope(검색일: 2021.07.01.)
- https://eurasianet.org/uzbekistan-andijan-doc-attempts-ministers-rehabilitation(검
  색일: 2021.07.01.)
- https://imagesonline.bl.uk/asset/10984/(검색일: 2021.07.01.)
- https://informburo.kz/stati/10-glavnyh-izmeneniy-v-uzbekistane-za-vremya-
  prezidentstva-shavkata-mir ziyoeva.html(검색일: 2021.07.01.)
- https://izi.travel/en/e884-alisher-navoi-hamsa-five-fingers-tashkent-1889/en(검색
  일: 2021.07.01.)
- https://kaktakto.com/analitika/glavnye-itogi-2017-goda-v-uzbeki stane-versiya-
  mirziyoeva/(검색일: 2021.07.01.)
- https://kun.uz/en/news/2018/12/06/rustam-inoyatov-receives-an-itf-special-
  prize(검색일: 2021.07.01.)
- https://kun.uz/uz/news/2020/08/06/foto-buxoroda-qovun-sayli-boshlandi(검색일:
  2021.07.01.)
- https://line.17qq.com/articles/swhhttcx_p2.html(검색일: 2021.07.01.)
- https://mfa.uz/ru/press/smi/17737/(검색일: 2021.07.01.)
- https://mfa.uz/ru/press/smi/17737/(검색일: 2021.07.01.)
- https://nuz.uz/obschestvo/14423-ministerstvo-truda-uzbekistana-razyasnilo-

normy-i-usloviya-raboty-v- zharu.html(검색일: 2021.07.01.)

- https://president.uz/ru/lists/pages/biography(검색일: 2021.07.01.)
- https://qalampir.uz/uz/news/amir-temur-k-abri-k-anday-ochilgan-foto-27528(검색일: 2021.07.01.)
- https://runivers.ru/upload/iblock/7ef/Russians_entering_khiva_1873_%28cropped%29.jpg(검색일: 2021.07.01.)
- https://shosh.uz/uz/konurhodzha-hodzhikov-yarkij-predstavitel-turkestanskogo-dzhadidizma/5bcc04d878 46f51d387ea151d8e98e c8-768x545/(검색일: 2021.07.01.)
- https://sogdians.si.edu/introduction/(검색일: 2021.07.01.)
- https://stat.uz/ru/otkrytye-dannye/demografiya/158-otkrytye-dannye/2255-chislennost-postoyannogonaseleniya2(검색일: 2021.07.01.)
- https://thediplomat.com/2018/03/cutting-out-the-kingmaker-mirziyoyev-at-a-crossroads/(검색일: 2021.07. 01.)
- https://themag.uz/post/5-glavnyh-izmemeniy-ekzamenov(검색일: 2021.07.01.)
- https://uz.sputniknews.ru/politics/20190329/11108418.html(검색일: 2021.07.01.)
- https://worldview.stratfor.com/article/resistance-reform-uzbekistan(검색일: 2021.07. 01.)
- https://worldview.stratfor.com/article/uzbekistan-today-power-breakdown-and-
- volatility(검색일: 2021.07.0 1.)
- https://www.bbc.com/news/world-asia-42887336(검색일: 2021.07.01.)
- https://www.bbc.com/russian/features-41269455(검색일: 2021.07.01.)
- https://www.britannica.com/place/ancient-Egypt/Egypt-under-Achaemenid-rule(검색일: 2021.07.01.)
- https://www.britannica.com/place/Aral-Sea(검색일: 2021.07.01.)
- https://www.britannica.com/place/India(검색일: 2021.07.01.)
- https://www.constituteproject.org/constitution/Uzbekistan_2011.pdf?lang=en(검색일: 2021.07.01.)
- https://www.washingtonpost.com/world/asia_pacific/succession-looms-in-uzbekistan-amid-uncertainty-over-leaders-condition/2016/08/30/974d7e86-6e24-11e6-993f-73c693a89820_story.html?nored irect=on&utm_term=.82d9fdf0baea(검색일: 2021.0 7.01.)
- https://www.dw.com/en/uzbek-minister-leaves-germany-after-probe-opens/

a-1829774(검색일: 2021.07.01.)
- https://www.ecoi.net/en/file/local/2034959/4232_1407407079_uzbekistan-sm-2013.gif(검색일: 2021.07.01.)
- https://www.economist.com/asia/2016/12/10/uzbekistan-replaces-one-strongman-with-another(검색일: 20 21.07.01.)
- https://www.eurasiatimes.org/en/14/04/2017/uzbek-tajik-flights-resume/(검색일: 20 21.07.01.)
- https://www.gazeta.uz/ru/2018/06/30/tax-concept/(검색일: 2021.07.01.)
- https://www.hrw.org/world-report/2019/country-chapters/uzbekistan(검색일: 2021.07.01.)
- https://www.imf.org/ru/News/Articles/2017/07/24/pr17296-statement-at-the-
- conclusion-of-an-imf-staff-visit-to-uzbekistan(검색일: 2021.07.01.)
- https://www.intellinews.com/uzbek-president-mirziyoyev-sacks-veteran-security-chief-inoyatov-136053/(검색일: 2021.07.01.)
- https://www.metmuseum.org/art/collection/search/451408(검색일: 2021.07.01.)
- https://www.ngv.vic.gov.au/essay/mughal-painting-under-akbar-the-melbourne-
- hamza-nama-and-akbar -nama-paintings/(검색일: 2021.07.01.)
- https://www.notesonindianhistory.com/2018/05/the-first-mongol-invasion-of-india.html(검색일: 2021.07.0 1.)
- https://www.nytimes.com/2016/08/30/world/asia/uzbekistan-president-islam-karimov.html?_r=0(검색일: 20 21.07.01.)
- https://www.rferl.org/a/1058611.html(검색일: 2021.07.01.)
- https://www.rferl.org/a/qishloq-ovozi-azimov-out-uzbekistan-government/28531755.html(검색일: 2021.07. 01.)
- https://www.rferl.org/a/the-making-of-islam-karimov-uzbekistan/26917396.html(검색일: 2021.07.01.),
- https://www.rijksmuseum.nl/en/collection/SK-A-161(검색일: 2021.07.01.)
- https://www.spot.uz/ru/2018/07/24/reforms/(검색일: 2021.07.01.)
- https://www.themoscowtimes.com/2016/09/07/who-will-be-uzbekistans-next-president-a55245(검색일: 202 1.07.01.)
- https://www.themoscowtimes.com/2017/03/23/the-power-struggle-dividing-uzbekistans-leadership-a5751 5(검색일: 2021.07.01.)

- https://www.thoughtco.com/the-battle-of-talas-195186(검색일: 2021.07.01.)
- https://www.turkestantravel.com/en/sights/the-afrasiyab-settlement/(검색일: 2021.07.01.)
- https://www.uzdaily.uz/en/post/38848(검색일: 2021.07.01.)
- https://www.wikidata.org/wiki/Q1243716(검색일: 2021.07.01.)
- https://www.worldhistorymaps.info/images/East-Hem_1025ad.jpg(검색일: 2021.07.01.)
- https://www.worldhistorymaps.info/images/East-Hem_1300ad.jpg(검색일: 2021.07.01.)

INDEX

우즈베키스탄의 역사

우즈베키스탄의 역사

우즈베키스탄의 역사

초판 1쇄 발행 | 2021년 9월 7일

지은이 | 성동기
편 집 | 강완구
디자인 | 김남영
펴낸이 | 강완구
펴낸곳 | 도서출판 써네스트   **브랜드** | 우물이있는집
출판등록 | 2005년 7월 13일 제2017-000293호
주 소 | 서울시 마포구 망원로 94, 2층 203호 (망원동)
전 화 | 02-332-9384   **팩 스** | 0303-0006-9384
홈페이지 | www.sunest.co.kr
ISBN 979-11-90631-29-7(93910)

이 책은 예스24와 함께 그래제본소를 통해서 펀딩을 받아서 제작한 책입니다. 펀딩에 참여해주신 다음의 분들과 이름을 안 밝혀 주신 모든 분들께 감사를 드립니다. 좋은 책을 만들 수 있도록 도와주셔서 감사드립니다(순서는 가나다순입니다).

강경구, 강기용, 고영훈, 공행옥, 곽호윤, 권기현, 권순탁, 권오승, 권우준, 권일만, 권형록, 긴광식, 김남용, 김대희, 김동우, 김명호, 김민재, 김민중, 김범수, 김보미, 김성진, 김시현, 김연중, 김영무, 김영훈, 김우진, 김유식, 김인수, 김장생, 김정화, 김주영, 김지선, 김지원, 김창석, 김태훈, 김필수, 김한민, 김혜숙, 김훈식, 나경수, 류경숙, 류은상, 박두인, 박상만, 박성우, 박성진, 박성호, 박용철, 박정은, 박종명, 박준규, 박준석, 박진원, 박혜옥, 박효종, 배병준, 배영숙, 백명기, 변장섭, 석해영, 송영대, 신성민, 신용원, 신용훈, 신환수, 안병관, 역전의 명수, 오수길, 오원진, 오하선, 우선우, 유　영, 유운영, 육홍석, 윤구희, 윤도원, 윤상웅, 윤성환, 윤수연, 이귀덕, 이기영, 이두영, 이병준, 이보현, 이상훈, 이상희, 이세현, 이아진, 이영생, 이우리, 이인국, 이재관, 이재형, 이진수, 이학운, 이화영, 임보라, 임요한, 임윤택, 임종헌, 임지웅, 임흥순, 장도수, 장동준, 장영표, 장윤석, 장진덕, 장　혁, 장혜진, 전건우, 전세영, 전소분, 전재용, 전정대, 정광현, 정근용, 정동환, 정성환, 정의준, 정지영, 정철원, 정현주, 조건우, 조병덕, 조부희, 조승현, 조영탁, 조원규, 조원일, 조준영, 주영규, 진정범, 진　준, 차윤경, 채보람, 최규진, 최민수, 최성복, 최윤석, 최진성, 팽헌수, 한대웅, 한임경, 한재은, 한정태, 홍성욱, 홍연용, 홍춘기, 황상수, 황언배, 황진상, 황태진